Kapverden

Ingrid und Peter Kirschey

Kapverden

Covermotiv: Blick von der Insel Brava
übers Meer hinüber zur Insel Fogo.
Foto: Attila Bertalan, Karlsruhe

Frontispiz:
Hausgarten auf der Insel Santiago.
Foto: Attila Bertalan, Karlsruhe

Seite 6 und 7:
Der Vukan Pico de Fogo
auf der Insel Fogo.
Foto: Attila Bertalan, Karlsruhe

© KOMET Verlag GmbH, Köln
www.komet-verlag.de
Gesamtherstellung: KOMET Verlag GmbH, Köln
Fotografie und Kartografie: Attila Bertalan, Karlsruhe
Producing: JUNG MEDIENPARTNER GmbH, Limburg

ISBN 978-3-89836-806-3

KAPVERDEN
IN ZAHLEN UND FAKTEN

Republik Cabo Verde

Lage: Inselgruppe im östlichen Nordatlantik vor der Westküste Afrikas (kürzeste Entfernung zum Festland – Boa Vista – 570 km)

Fläche: 4033 km²
Zehn größere Inseln (davon neun bewohnt) und zahlreiche kleinere Inseln

Einwohnerzahl: ca. 435.000 (außerdem ca. 700.000 Emigranten im Ausland)

Hauptstadt: Praia (auf Santiago)
Landessprache: Portugiesisch und Kapverdisches Kreol

Unabhängigkeitstag: 5. Juli (1975)

Währung: CVE (Kap-Verde-Escudo)

Klima:
• mild-trockenes ozeanisches Klima mit einer Luftfeuchtigkeit von 50 bis 70 Prozent
• rund 350 Sonnentage (Tagtemperaturen zwischen 22 und 30 C°, nachts um 5 C° geringer)
• kühlste Jahreszeit (ca. 21 C°) im Januar/Februar
• wärmste Jahreszeit (ca. 27 C°) im September/Oktober

Höchste Erhebung: Pico de Fogo (2829 Meter)
Bewohnte Inseln:
Santiago (991 km²)
Santo Antão (779 km²)
Boa Vista (620 km²)
Fogo (476 km²)
São Nicolau (346 km²)
Maio (269 km²)
São Vincente (227 km²)
Sal (216 km²)
Brava (64 km²)

Cabo Verde – das „grüne" Kap und seine Menschen

Vor der Westküste Afrikas, mitten im Atlantik, liegt eine Inselgruppe, die aus der Luft wie eine geöffnete Halskette aussieht. Allein der Name Kapverdische Inseln lädt zum Träumen ein. Cabo Verde, das grüne Kap, nannten die Portugiesen den Archipel; sie gelten als die Entdecker und Eroberer. Und in der Tat, die Inselgruppe, von denen neun bewohnt sind, bieten eine einzigartige Naturlandschaft, noch dazu eine, von der der internationale Tourismus bislang noch kaum Notiz genommen hat, die also noch immer echte Entdeckungen und Abenteuer für Reisende bereit hält. Auf du und du mit der Natur und den Naturgewalten kann man hier sein, die Menschen, die einem hier begegnen, sind davon geprägt: gastfreundlich und bescheiden – so schwärmen Besucher immer wieder. Ganz unterschiedliche Strände, eine unglaubliche Berg- und Felsenwelt, Vulkane, Wüsten, steinige oder

Satellitenfoto der Kapverden

Ribeira de Torre auf der Insel Santo
Antão.

salzige Ebenen sowie einige grüne Oasen. Ein ganzjährig mild-
trockenes Klima hat eine eigenartige Flora und Fauna hervor gebracht, die in den Niederschlagsmonaten August bis November
üppig sind, und in der vorwiegend trockenen, von Passatwinden
beherrschten Zeit wieder verschwinden … Cabo Verde ist nur an
wenigen Stellen wirklich immer grün.

Die geografische Lage der Kapverden
vor der westafrikanischen Küste

DER WEG IN DIE FREIHEIT –
GESCHICHTE UND ENTWICKLUNG

Diego Gomes, Standbild in der
Hauptstadt Praia

Ein Blick in die Besiedlungsgeschichte der Inseln fördert jedoch auch dunkle Seiten aus der Menschheitsgeschichte an diesem Ort zutage. Sie ist auf den Kapverden erst gut 500 Jahre alt und setzt mit den Entdeckungsreisenden im 15. Jahrhundert ein. Wer sich die Entdeckung der Inseln wirklich auf die Fahnen schreiben kann, darüber gibt es verschiedene Ansichten. 1445 soll der portugiesische Seefahrer António Fernandes die unbewohnten Inseln umfahren haben. 1456 will der Venezianer Aloisio Cadamosta durch einen Sturm mit seinem Schiff auf einer der unbewohnten Inseln mit dem Ausruf „Buena Vista!" gelandet sein. Das schrieb er aber erst 1463 nieder, nachdem bereits 1460 dem Genueser António da Noli die Entdeckung der Kapverden urkundlich zugesprochen wurde. Aus dem Streit um die erste Zeugenschaft geht ein anderer Seefahrer als Entdecker in die Annalen ein, der Portugiese Diego Gomes, an den auch ein Standbild in der Hauptstadt Praia auf Santiago erinnert. Er hat mit seinem Entdeckungsdatum 1445 das Rennen gemacht, obwohl davon ausgegangen werden kann, dass auch schon vor ihm afrikanische Seefahrer und Fischer die Inseln erblickt haben.

Portugiesische Soldaten jedenfalls waren die ersten Siedler und nahmen 1461 mit Santiago die erste europäische Überseeinsel für sich in Beschlag. Die anderen Inseln dieser Kette kamen in den folgenden Jahren hinzu. Gut zehn Jahre später erhielten die Siedler das offizielle Recht, Sklaven zu halten – vor allem für den Rohrzuckeranbau und die daraus resultierende Herstellung des begehrten Rums. Zu einem „Exportschlager" wurde der Sklavenhandel. Als Folge der anmaßenden Entdeckungs- und Ausbreitungswut der großen Seefahrernationen begann das Geschäft mit dem Verkauf von Menschen auf den Kapverden seine schmutzigen Blüten zu treiben. Die Inseln wurden zu einem Hauptumschlagplatz für Sklaven aus Afrika in die ganze Welt und besonders auch nach Europa.

Die Überschaubarkeit und Kargheit der Inseln ließ in der Folgezeit noch andere Unglückliche und Unselige auf dem selten grünen Kap stranden. So brachte die Kolonialmacht Portugal beispielsweise missliebige und im eigenen Land unerwünschte Perso-

Kinder bei São Jorge dos Orgãos auf der
Insel Santiago

nen auf den Inseln unter, Kriminelle, Ungläubige, sozial Gestrau-
chelte oder politische Unruhestifter. Zur Zwangsarbeit verpflich-
tet, teilten sie das Los der Sklaven. Im 18. Jahrhundert wurden
beispielsweise portugiesische Frauen mit dem absurden Ziel auf
die Inseln geschickt, das „portugiesische Blut" zu stärken, das
man infolge des großen Anteils an schwarzafrikanischen Sklaven
gefährdet sah.

Aber nicht nur als Verbannungsort für die Degredados aus Portugal machten die Kapverden von sich reden. Durch die Judenver-
folgung, die sich christliche Glaubenskrieger aus Europa auf die
Fahnen geschrieben hatten, wurden auch viele Andersgläubige
auf die Inseln gebracht, um sie zu „Christen" zu erziehen oder
einfach nur fortzuschaffen. Andere flohen vor der Inquisition
selbst hierhin, um sich anzusiedeln. Sie alle brachten ihre Kultur
in eine neue Lebenswelt ein, die sich auf den Kapverden entwickelte.

Der Zeit des florierenden Sklavenhandels folgten kurze Perioden
als Salzhandelsplatz und – im 19. Jahrhundert – als Etappenort
zwischen Europa und Amerika für die großen Überseedampfer,
die hier Kohle bunkerten. Ansonsten blieb Cabo Verde von den
Weltentwicklungen im Guten wie im Bösen weitgehend verschont. Aus anderen Landstrichen war mehr und Besseres heraus-
zuholen, um die Inseln musste man keine Kriege führen. Die
durch die Natur vorgegebenen harten Lebensbedingungen machten die Menschen hier vielleicht auch gleicher als anderswo. Man
war und ist aufeinander angewiesen.

Amilcar Cabral (1924–1973),
Mitbegründer der Afrikanischen
Partei für die Unabhängigkeit
von Guinea und Kap Verde
(PAIGC), kapverdischer Volks-
held und Politiker, kam 1973
bei einem gegen ihn gerichteten
Putschversuch ums Leben.

VIELVÖLKERKULTUR

Die Vielvölkerkultur, die sich hier ganz zwangsläufig durch die Vermischung der Einwohner herausgebildet hat, wird immer wieder als etwas Besonderes bestaunt und von Fremden meist am äußeren Erscheinungsbild ausgemacht. Die Ureinwohner sind nicht an einer Haut-, Haar- oder Augenfarbe und nicht an anderen körperlichen Merkmalen auszumachen. Im Laufe der kolonialen Vergangenheit gab es immer wieder Bestrebungen der herrschenden Mächte, rassische wie religiöse Einflüsse zu kanalisieren. Doch das Leben und die teilweise als Zwangsgemeinschaft empfundene Abgeschlossenheit entwickelten eigene Gesetze, Sitten und Lebensformen.

Man spricht inzwischen auch von einer eigenen kreolischen Kultur und Sprache, die ihre Einflüsse aus europäischen, afrikanischen wie auch lateinamerikanischen Kulturen erkennen lassen. Sie haben eine eigene Identität hervorgebracht. Wirklich möglich war das natürlich erst mit dem Ende des Kolonialismus. Erst am 5. Juli 1975 – nach der Nelkenrevolution in Portugal – wurde die Unabhängigkeit der República de Cabo Verde ausgerufen. Mit vorangetrieben wurde diese Entwicklung durch kapverdische Intellektuelle wie Amilcar Cabral, der als bedeutender Theoretiker der afrikanischen Revolution gilt und sich als Führer der „Afrikanischen Partei für die Unabhängigkeit Guineas und Kap Verdes" hervortat, bevor er 1973 ermordet wurde. Er wird als einer der wenigen Volkshelden auf den Inseln verehrt. Ebenfalls zu den Besonderheiten gehört es, dass sich die Kapverden in wenigen Jahren und friedlich von einem Einparteiensystem zu einer Demokratie gewandelt haben.

VON CIDADE VELHA NACH PRAIA

Die Hauptinsel dieser Gruppe ist Santiago. Hier richteten die Portugiesen als erste Siedler 1461 eine Militärstation am Ribeira Grande ein. Das Fischerdorf, das entstand, hieß zunächst Ribeira Grande und wurde später Cidade Velha benannt. Es entwickelte sich zur ersten Stadt von Cabo Verde, der ersten europäischen Stadt in Afrika. Wegen dieser Schlüsselstellung gelangte Cidade Velha auch auf die UNESCO-Welterbeliste. Zunächst blühte das Städtchen im 15. und 16. Jahrhundert als Station zwischen Euro-

Linke Seite:
Nicht reich, aber glücklich. Zwei junge Bauernmädchen auf der Insel Fogo.

Der frühere „Sklavenpranger" in der Hauptstadt Cidade Velha auf der Insel Santiago

pa und Lateinamerika auf. Verglichen mit anderen Weltregionen blieb die kleine, dörflich anmutende Residenz jedoch eher von bescheidener ökonomischer und kultureller Bedeutung. Die Lage in einer zum Landesinneren durch Felsmassive abgetrennten Bucht begünstigte ihre Karriere als Sklavenumschlagplatz. Auf dem Weg zwischen Südamerika, Europa und dem Fernen Osten machten hier auch viele andere Handelsschiffe Station, und so kam einiges hierher, was es vorher nicht gegeben hatte, wie beispielsweise die Kokospalme.

Cidade Velha wurde aber auch Ziel der Piraten, die zahlreich vor der Küste Westafrikas ihr Unwesen trieben, die beständig das Städtchen aufsuchten, plünderten und verwüsteten. Davor waren auch andere Orte, die im Laufe der Zeit entstanden, nicht gefeit. Zum Haupt- und Verwaltungssitz in der kolonialen Zeit wurde dann Praia, im Südosten der Insel und ebenfalls malerisch an einer Bucht gelegen. Besonders stark hat sich Praia, die Hauptstadt, seit der Unabhängigkeit 1975 verändert. Zu den alten Bauten im Kolonialstil, wie zum Beispiel der Präsidentenpalast oder die alte Kaserne, gesellten sich immer mehr neue Betonklötze. Ein Problem, das sich dem Besucher aufdrängt, hängt auch mit der zunehmenden Zivilisation zusammen: der Müll beziehungsweise die fehlenden Möglichkeiten seiner Beseitigung. Die Stadt platzt immer wieder aus den Nähten, die Einwohnerzahl hat sich in den letzten 15 Jahren auf etwa 115.000 verdoppelt. Wie überall auf der Welt zieht es auch viele Kapverdier in das Zentrum des Landes.

SCHWINDENDE FAMILIENTRADITION

In den ländlichen Regionen leben die Menschen traditionell in Dorfgemeinschaften und Großfamilien. 70 Prozent der Bevölkerung leben auf dem Land. Man ist aufeinander angewiesen, mehrere Generationen leben unter einem Dach. Auch die Älteren haben ihren festen Platz in der Gemeinschaft, ebenso wie die Kinder, die allerdings auch schon frühzeitig zum Lebensunterhalt der Familien beitragen müssen. Der Kinderreichtum ist Bestandteil der Familientradition, doch verzeichnen Demografen inzwischen einen starken Geburtenrückgang. Die Groß- und Gemeinschaftsfamilie wird auch auf den Kapverden mehr und mehr zur

Kirche „Nossa Senhora de Rosário" in Cidade Velha

Ausnahme. Die Armut ist einer der Gründe dafür. Sie treibt viele Kapverdier, Männer und zunehmend auch Frauen, ins Ausland, vor allem in die USA, nach Europa oder Südamerika. Diese Emigranten sind inzwischen eine feste Größe auch als Wirtschaftsfaktor des Landes. Fast doppelt so viele Kapverdier wie auf den Inseln lebende Einwohner arbeiten dauerhaft im Ausland. Die Emigranten versorgen ihre Familien daheim und bringen durch ihre Überweisungen etwa ein Drittel des Staatsaufkommens ein. Diese Überweisungen sind lebenswichtig für das Land.

Durch diese Entwicklung lebten häufiger mehr Frauen auf den Inseln als Männer. Wegen des Frauenüberschusses war es auch normal, wenn ein Mann mit mehreren Frauen zusammenlebte und sich von Zeit zu Zeit auf Wanderschaft begab und eine neue Familie gründete. Da die Frau traditionell die Verantwortung für Kinder und Haushalt trägt, spielt der Mann auch keine besonders große Rolle in der Familie. Die traditionellen, an europäischen Vorstellungen ausgerichteten Familienbindungen haben sich also dank der Segnungen der modernen Zivilisation und wegen der schwachen wirtschaftlichen Basis des Landes weiter gelockert.

Je ärmer man ist, desto seltener wird noch geheiratet. Auf einigen Inseln kommen drei Viertel aller Kinder unehelich auf die Welt. Nicht selten sind die Kinder einer Familie von ganz unterschiedlichen Vätern. Das wird auf den Kapverden auch nicht als negativ, sondern normal empfunden. Die Frauen machen aus ihrer Not eine Tugend, suchen sich gegebenenfalls einen neuen Partner, der völlig unspektakulär in die Familie aufgenommen wird und seinen Beitrag zum Lebensunterhalt leistet. Oft eben auch aus dem Ausland. Frauen fügen sich mit kapverdischer Gelassenheit in diese Situation und tragen sie mit dem ihnen eigenen Humor. Haushalt, Kinder, Handarbeit und Handel auf den Märkten – so sieht der Alltag für viele aus. All diese Dinge, Träume, Wünsche, Sehnsüchte erklingen auch in der Musik der Kapverdier.

MUSIK IST DAS HALBE LEBEN

Musik ist in vielen Völkern das verbindende Element und Ausdruck dessen, was ein Volk ausmacht. Auf die Musik der Kapverdier trifft das ganz besonders zu. Trotz oder gerade wegen des

Kinder in Forminguinhas, auf der Insel Santo Antão

Der Markt ist ein Ort des Handels und der Kommunikation. Markttreiben in Assomada auf der Insel Santiago.

17

Die Musik der Kapverden ist Ausdruck von melancholischer Schwermut einerseits und überschäumender Lebensfreude andererseits.

täglichen Existenzkampfes ist die Musik hier besonders fröhlich und ausgelassen. Schon von klein auf ist man daran gewöhnt: Wenn man sich in der Familie oder mit Nachbarn und Freunden trifft, wird gesungen und getanzt. Es gibt wohl kaum jemanden, der nicht schon ein Instrument gespielt hätte. Musik gibt es hier für alle Lebenslagen. Die verschiedenen Einflüsse sind auch hier erkennbar. Musik hat ganz wesentlich zum Selbstbewusstsein der Menschen auf Cabo Verde beigetragen. So wurden beispielsweise afrikanische und brasilianische Rhythmen während der Kolonialzeit verboten; folgerichtig mutierten sie zum Symbol des Unabhängigkeitskampfes.

Besonders charakteristisch für die kreolische Musik der Kapverden sind Morna und Coladeira – gefühlvolle, oft schwermütige Balladen zum einen und voller Lebensfreude mit Gitarren, Mandolinen, Geigen improvisierte Tanzlieder zum anderen. Einflüsse des afrikanischen Festlandes finden sich namentlich im Batuque, bei dem vor allem Frauen sich im Kreis versammeln, trommeln und mit einer Art Sprechgesang etwas zurufen. Während sich das Tempo steigert, springt eine der Frauen auf, um in der Mitte heftige Hüftbewegungen zu vollführen. Was wie ein Ritual aussieht, soll helfen, bestimmte Ereignisse zu verarbeiten, Ruhe und Kraft in der Gemeinschaft zu schöpfen. Daneben sind noch viele andere musikalische Formen entstanden, und sowohl auf den verschiedenen Inseln als auch an verschiedenen Orten kommen ganz eigene Varianten hinzu.

Frauen tanzen den traditionellen „Batuque" und singen dazu.

DIE ELEMENTE AUF DEN KAPVERDEN

Eine Karriere als boomende Wirtschaftsregion lassen die Bedingungen selbst auf der Hauptinsel Santiago oder der wirklich grünen Insel Santo Antáo nicht zu. Alles, was der Boden Jahr für Jahr hergibt, muss mühsam erarbeitet werden. Man ist den Launen der Natur ausgesetzt, und was auf den Inseln produziert wird, reicht gerade mal für die Selbstversorgung. Hungerkatastrophen sind im Laufe der Geschichte deshalb keine Seltenheit.

Für den, der hier nicht leben muss und die Inseln lediglich besucht, bieten sie einmalige Schauspiele, einsame Orte, die Konzentration auf Elementares: Wasser, Himmel, Erde, sprich Vulkane und Wüste, und Luft. Bis zur Besiedlung der Inseln hielten sich auch Vegetation und Tierwelt sehr in Grenzen. Inzwischen hat der Mensch auch auf den Kapverdischen Inseln das Ökosystem beeinflusst. Zwar gibt es noch Regionen, die eine ursprüngliche karge Flora und Fauna aufweisen, aber beispielsweise die Zahl der Pflanzenarten hat sich von 250 zur Zeit der Entdeckung des Archipels auf inzwischen etwa 850 erhöht.

Eine größere Artenarmut weist hier noch die Tierwelt aus. Lediglich Insekten, Reptilien und Vögel fanden und finden hier einen Lebensraum. Außer Fledermäusen gibt es keine einheimischen Säugetiere. Alles, was heutzutage – zum Beispiel Ratten, Hunde, Esel, Ziegen usw. – anzutreffen ist, haben die Menschen hergebracht. Die pure Natur hat auf den Kapverden ihren eigenen Reiz.

Die am Rande des Aussterbens stehenden Milane der Kapverden wurden früher als Unterart des Rotmilans aufgefasst, gelten aber heute als eigenständige Art (Milvus fasciicauda). Während Milvus milvus fasciicauda und Milvus milvus migrans in den 1950er Jahren noch auf fast allen Inseln anzutreffen waren, umfasst der Bestand heute etwa zehn Individuen pro Art auf jeder Insel. Diese drastische Abnahme ist unter anderem auf Landschaftsveränderungen, Vergiftungen und Verfolgung durch den Menschen zurückzuführen.

Nächste Seite:
Wanderdünen auf Boa Vista begraben ganze Dörfer unter sich.

Praia auf der Insel Santiago. Nicht alle historischen Gebäude sind so schmuck restauriert wie das abgebildete.

Ein Blick über Praia vermittelt den Eindruck flirrender Hitze.

Sonnenaufgang beim Leuchtturm am Ponta Temerosa im Süden von Praia auf der Insel Santiago

Die Kirche „Nossa Senhora da Graça" auf dem Platô, dem Zentrum Praias

Typisches kapverdisches Fischerboot bei Fajã de Água auf der Insel Brava.

Am weißen Strand von Santa Maria auf der Insel Sal. Hier spürt man sehr deutlich, dass der Tourismus seit geraumer Zeit auch die Kapverden für sich entdeckt hat.

Steinwüsten und erloschene Vulkankegel findet man wie hier auf Sal überall auf den Kapverden.

Linke Seite:
Die zerklüftete Felsenküste „Buracona" aus erstarrtem Lavagestein an der nordwestlichen Küste der Insel Sal trotzt dem wild tobenden Meer.

Paradiesische Landschaften gibt es auch auf der Insel Santiago bei São Jorge dos Orgãos.

Nächste Seite: Sogenannte „Stricklava" am Ortseingang von Portela in der Chã das Caldeiras auf der Insel Fogo

Die Landwirtschaft der Kapverden

Die Landwirtschaft auf den Kapverdischen Inseln kämpft gegen schwierige Bedingungen an. Maximal 16 Prozent des Territoriums sind landwirtschaftlich nutzbar. Und trotz stark schwankender Niederschlagsmengen – auch mehrjährige Trockenperioden, in denen so gut wie kein Regen fällt, sind nicht ungewöhnlich – arbeiten rund drei Viertel der Bevölkerung in der Landwirtschaft. In den letzten Jahrzehnten haben sich die Bedingungen der Landwirtschaft infolge Abholzung zur Gewinnung neuer Flächen und Raubbau an vorhandenen Flächen weiter verschärft. Fortschreitende Erosion, Bodenverschlechterung und Wassermangel sind die hauptsächlichen Probleme, die einer Selbstversorgung im Wege stehen. Nur zu 10 Prozent kann sich das Land selbst mit landwirtschaftlichen Erzeugnissen versorgen. 90 Prozent müssen eingeführt werden. Unter diesen Umständen nimmt es nicht Wunder, dass die Handelsbilanz stark negativ ausfällt.

In den Bergen ist eine landwirtschaftliche Nutzung der kargen Böden oft nur durch Terrassenfelder möglich. Auf diese Weise wird der Regen aufgefangen und den Pflanzen zugeführt.

Für den Eigenbedarf werden Mais, Bohnen, Bataten, Kokosnüsse und Erdnüsse angebaut. Für den Export spielen Bananen, Kaffee und Zuckerrohr die entscheidende Rolle. Besonders Letzteres hat seit der frühesten Zeit der Besiedlung immer eine große Bedeutung als Grundstoff der verarbeitenden Industrie und als Exportartikel gehabt.

Santiago, Santo Antão, São Nicolau und Fogo sind die Inseln, auf denen die Landwirtschaft Erfolg versprechend möglich ist. Die drei östlichen Wüsteninseln Sal, Boavista und Maio weisen hingegen zu geringe Niederschlagsmengen auf. Auf Santiago eignen sich besonders die fruchtbaren, relativ ebenen Achadas für die Landwirtschaft. An den Steilhängen der gebirgigen Inseln versucht man mittels Terrassenkulturen die begrenzten Flächen besonders intensiv auszunutzen. Sie sind in den Ribeiras von Santo Antão sehr beeindruckend anzutreffen.

Eine Besonderheit ist der Anbau landwirtschaftlicher Produkte in der Caldeira des Pico de Fogo. In der schwarzen Vulkanasche gedeihen Kongobohnen, aber auch die Reben des Fogo-Weins. Anstelle der Niederschläge ziehen die Pflanzen aus Tau und Nebel die für ihr Wachstum nötige Feuchtigkeit.

Auf den Kapverden ist meistens nur die typische Kleinbauern-Landwirtschaft möglich – wie hier in der Serra Malagueta auf Santiago. Eine Bewirtschaftung großer Flächen, wie in Europa ist hier ausgeschlossen, da die fruchtbaren Böden überwiegend in den Gebieten der steilen Berghänge liegen.

Rechts:
Die Bewässerung der Felder ist oft sehr aufwändig. Hier bei Ribeiras dos Flamengos auf der Insel Santiago wird das Wasser mithilfe einer Windmühle aus der Zisterne geschöpft.

Unten:
Oft muss das Wasser mühsam von Hand aus tiefen Brunnen geschöpft werden.

Auf einigen der Kapverdischen Inseln wird auch in bescheidenem Umfang Wein angebaut, so wie hier auf der Insel Fogo.

Klein und bescheiden sind die bäuer-
lichen Gehöfte. Es wird alles angebaut,
was einen lohnenden Ertrag verspricht.
Maschinen zur Feldbewirtschaftung gibt
es kaum. Das übliche Transportmittel in
den Bergregionen sind Esel. Wer keinen
Esel hat, muss selbst schleppen. Auch
alles, was man sich an Nutz- und Haustieren vorstellen kann, findet man hier.
Man ist Selbstversorger und verkauft,
wenn möglich, die übrigen Erzeugnisse
auf dem nächsten Markt.

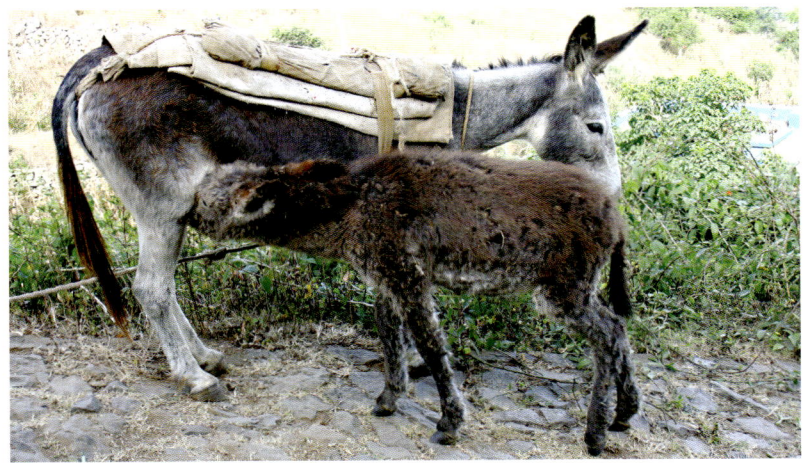

Der Tourismus macht Fortschritte

Langsam entwickelt sich auf den Kapverdischen Inseln der Tourismus zu einem wichtigen Wirtschaftsfaktor. Gegenwärtig trägt er etwa 10 Prozent zum Bruttosozialprodukt bei. Für Strandtouristen steht die Insel Sal im Mittelpunkt des Interesses; sie kann etwa die Hälfte der Gesamt-Bettenbelegungen verbuchen. 2006 eröffnete auf Sal die Hotelkette Riu (TUI) ein Hotel. Seit die Regierung 2003 ein Investitionsprogramm auch für die anderen Wüsteninseln angekündigt hat, sind beispielsweise auf Boavista verschiedene Ferienanlagen entstanden.

Die guten Möglichkeiten für das Wandern, für Bergtourismus und historisch-kulturellen Tourismus, die für die ausgeglichene Entwicklung eines sanften Tourismus förderlich wären, kommen vergleichsweise langsam voran. Dabei laden Inseln wie Santo Antão, São Nicolau oder Fogo zum Wandern ein, Mindelo fasziniert mit kulturellen Angeboten, und die Hauptstadt Praia ist schon allein deshalb ein Erlebnis, weil ihre Märkte an das afrikanische Festland erinnern.

Sowohl Pauschal- als auch Individualtouristen kommen auf Cabo Verde auf ihre Kosten. Auch Segler, Windsurfer und Sportfischer nutzen gerne die günstig im Passat gelegenen Inseln. Die Touristenzahlen steigen. 1988 besuchten insgesamt nur 2000 Touristen die Inseln, 1994 waren es schon über 30.000, 1997 45.000 und 2003 78.000. Jeweils ein Drittel kamen aus Portugal und aus Italien, 12 Prozent aus Deutschland und 11 Prozent aus Frankreich.

Gelegentlich gemeldeten Raubüberfällen auf Individualtouristen versucht man mit der Schaffung einer Nationalpolizei, verstärkten Patrouillen durch Beamte zu Fuß und per Trekkingrad, besonders an touristischen Zentren wie Sal zu begegnen. Im Februar 2007 wurden auf Sal mehrere Täter zu vier bis neun Jahren Gefängnis wegen erwiesener Raubüberfälle auf Touristen verurteilt.

Der feine weiße Sandstrand von Santa Maria auf Sal ist bei vielen Urlaubern sehr beliebt.

Segeltörns startet man am besten vom Hafen von Mindelo aus. Der Hafen von Mindelo war schon immer das Tor zur Welt für die Kapverdier. Schon seit einiger Zeit gibt es einen gut organisierten, geschlossenen Bootssteg mit Wächter im Hafen von Mindelo. Bootsbesitzer wenden sich wegen eines Liegeplatzes und anderen Informationen am besten an den Club Nautico im Hafen von Mindelo. Für den aktiven Urlauber, der unter Anleitung eines erfahrenen Kapitäns selber Hand mit anlegen möchte, um Land und Leute kennenzulernen, gibt es die Möglichkeit für Mitseglertörns (als Crew-, oder Kojencharter).

Fischerei auf den Kapverdischen Inseln

Auf einer Inselgruppe, die weit hingestreckt im Atlantik liegt, spielt naturgemäß auch die Fischerei eine gewisse wirtschaftliche Rolle. Das ist speziell unter den besonderen Bedingungen des kapverdischen Klimas und der eingeschränkten landwirtschaftlichen Nutzfläche – nur 16 Prozent der Inselflächen sind überhaupt landwirtschaftlich nutzbar – von großer Bedeutung. Fischerboote am Strand wirken so natürlich, als wären sie nicht Produktionsmittel der Fischer, sondern Teil der Natur.

Die kapverdische Fischerei ist naturgemäß auch selten mehr als Küstenfischerei. Der Fischfang ist auf den Kapverden ein expandierender Wirtschaftszweig, jedoch gerade wegen der eingeschränkten Möglichkeiten zur Hochseefischerei sind einige küstennahe Fischgründe durch Überfischen gefährdet.

Die Fischerei macht bisher nur 4 Prozent des Bruttoinlandsprodukts aus. Wichtigster Fangfisch ist gegenwärtig der Thunfisch. Daneben wird auch Hummer gefangen.

Produkte des Fischfangs bilden auch eine wichtige Basis für die bescheidene verarbeitende Industrie auf den Kapverden. Diese Betriebe und ihre Produkte gewinnen zunehmend an Bedeutung; Fischprodukte machen die Hälfte des kapverdischen Handelsexports aus. Sie stellen damit eine wichtige Devisenquelle dar. Konservenfabriken befinden sich auf São Nicolau, Sal, Boavista und Santiago.

Eine ganz neue Rolle gewinnt die kapverdische Fischereitradition im Rahmen des modernen Tourismus. Sportfischen gehört zu den Angeboten, die Inseln wie Santo Antão, São Vicente oder São Nicolau den erholungssüchtigen Europäern und Touristen aus Übersee machen. Sie fischen bevorzugt auf den Blauen Marlin, der es zu beachtlichem Gewicht von über 500 kg bringen kann und der ein sehr beliebter Angelfisch ist.

Neben den großen Fischereigenossenschaften gibt es auch viele kleine Familienverbände die vom Fischfang leben.

Nach Berichten des World Wide Fund For Nature (WWF) ist der Buckelwal, eines der größten Tiere unseres Planeten, in Gefahr. Man weiß nicht viel über seine Lebensweise und seine Wanderungen durch die Meere. Sicher ist nur, dass es im Nordatlantik nur zwei Gebiete gibt, wo die Buckelwale ihre Jungen gebären und aufziehen. Diese sind in der Karibik und rund um die Kapverdischen Inseln. Doch hier ist die „Kinderstube" der Wale in größter Gefahr. Auf den Kapverden droht sich ein ungeregelter Massentourismus breit zu machen, wie er auf den Kanaren bereits vorherrscht. Der WWF befürchtet, dass die Wale hierdurch massiv gestört werden.

Die meisten der kleinen Fischer verkaufen ihren Fang direkt an der Bootsanlegestelle an die einheimische Bevölkerung, aber natürlich auch an die Händler der umliegenden Märkte.

Die Tour über die Inseln

Während die einen das Erscheinungsbild des Archipels mit einer offenen Halskette vergleichen, sprechen andere von einem göttlichen Wurf. Gott habe, so heißt es, bei der Erschaffung der Erde aus Versehen ein paar Krümel im Atlantik verstreut. Und in der Tat sehen die aus Vulkanen entstandenen Inseln mit gebührendem Abstand wirklich wie kleine, flüchtig ins Meer geworfene Häufchen aus. Eingeteilt werden die Inseln nicht nur in bewohnte und unbewohnte, sondern auch in die über dem Wind liegenden (Balavento) und jene unter dem Wind (Sotavento). Unsere Inseltour beginnen wir über dem Wind mit dem nordwestlichsten Eiland, Santo Antão, und folgen dann der Kette im Uhrzeigersinn bis zur am südwestlichsten und unter dem Wind liegenden kleinen Insel Brava.

Die Inseltouren mit den Fährschiffen können sehr ungemütlich sein. Oft ist die See ziemlich rau, und wer einen empfindlichen Magen hat, der muss mit einer „kleinen Übelkeit" rechnen. Im Bild die Fahrt von der Insel Fogo nach Brava, mit Blick zurück auf Fogo.

Santo Antão –
die paradiesische grüne Insel

Die Insel ist ein Paradies für geübte Wanderer, in der man alle landschaftlichen Gegebenheiten, die die Natur anzubieten hat, vorfindet. Mit 779 Quadratkilometern ist Santo Antão die zweitgrößte kapverdische Insel. Während auf der südlichen Seite das vulkanische Gebirge scheinbar sanft aus dem Meer steigt, fallen die Felsen auf der Nordseite schroff wieder in den Atlantik zurück. Ein gewaltiger Gebirgsrücken zieht sich längs über die Insel. Nicht nur der Tope de Coroa, mit 1979 Metern die höchste Erhebung auf Santo Antão im Westen, und der Pico da Cruz im Osten mit 1585 Metern Höhe heben sich gut in der Landschaft ab, auch die anderen Berge und Hügel weisen tiefe Einschnitte auf und sind so von zahlreichen grünen Riberas, Tälern, umsäumt. Die Wolken, die sich an den Bergmassiven verfangen, sorgen vor allem im Norden und Osten für ausreichend Feuchtigkeit in den Tälern. Zudem herrscht hier ein nahezu tropisches Klima, wobei die Temperaturunterschiede zwischen Sommer und Winter in den feuchten Gebieten größere Differenzen aufweisen als im Süden und Westen von Santo Antão sowie auf den meisten anderen Inseln Cabo Verdes. Um die Fruchtbarkeit der Talsohlen auszudehnen und das dort sich sammelnde Wasser zu nutzen, haben die Menschen im Laufe der Zeit an den Abhängen ein regelrechtes Terrassen- und Bewässerungssystem angelegt. Hier wird vor allem (auf nahezu der Hälfte der landwirtschaftlichen Fläche) Zuckerrohr angebaut; aber auch tropische Früchte – wie Bananen, Papayas, Orangen, Guaven – und Gemüse – vor allem Mais und Bohnen – sowie Kartoffeln, Süßkartoffeln, Zwiebeln, Karotten und verschiedene Gewürzpflanzen gedeihen hier.

WIRTSCHAFTSPROBLEME
Mitte des 18. Jahrhunderts nahm eine portugiesische Adelsfamilie die Insel in Besitz und versuchte einen Großteil der Landwirtschaft auf Weinanbau umzustellen. Der Wein sollte als Exportgut

Die landwirtschaftlichen Erzeugnisse müssen auch auf der „grünen" Insel der Natur hart abgerungen werden.

Anbauprodukte wie die Färberflechte und Purgiernüsse, deren Öl für Lampen, Seifen und Ähnliches genutzt wird, ablösen. Dass damit der Anbau der lebenswichtigen Nahrungsmittel immer mehr zurückging, sollte sich bald rächen: Nahezu die Hälfte der Inselbevölkerung verhungerte. Die Insel ging wieder an die portugiesische Krone zurück. Auch heute sind trotz der landwirtschaftlichen Vorzüge, die Santo Antão gegenüber anderen Inseln des Archipels genießt, die sie bewirtschaftenden Bauern eher arm. Das Land ist in den Händen von Großgrundbesitzern. Obwohl auf dieser im Vergleich zu den anderen Inseln die landwirtschaftlichen Erträge wesentlich umfangreicher sein könnten, hat auch Santo Antão mit neuzeitlichen Problemen zu kämpfen. So wurde beispielsweise in den Siebzigerjahren des 20. Jahrhunderts eine Art Tausendfüßler entdeckt, der eine Ertragssteigerung vieler Gemüsesorten unmöglich macht, weil er deren Wurzeln anfrisst. Lediglich Zuckerrohr verschmäht er.

Die meisten der etwa 50.000 Einwohner der Insel leben in den fruchtbaren Gegenden im Norden und Osten. Die Siedlungsdichte in den Städten nimmt immer mehr zu. Die größte Stadt auf Santo Antão – Porto Novo mit etwa 5000 Einwohnern – liegt jedoch im Südosten. Vom geschützt liegenden Hafen verkehren täglich Fähren. Doch für Waren und für Reisende ist Porto Novo nur eine Durchgangsstation.

Immer wieder im Gespräch ist im Ort auch die Herstellung von Zement aus der heimischen Porzzolana-Erde. Der Zement aus Porzzolana ist sogar für Unterwasserbauten geeignet. Erst vor einigen Jahren wurde durch italienische Investoren ein neues Werk in Betrieb genommen, nachdem die Produktion lange brach lag.

NACH RIBEIRA GRANDE

Der Weg von Porto Novo nach Ribeira Grande, der Hauptstadt der Insel an der Nordküste, führt über eine gepflasterte Bergstraße. An den Hängen sind wieder die mühevoll angelegten Terrassen unter anderem mit Strauchwerk und beispielsweise Aloe-Pflanzen zu sehen. Das alles dient dazu, dem Erosionswerk des beständig über die Insel wehenden Windes entgegenzuwirken. An den feinen Staub, der überall in der Luft liegt, muss man sich aber gewöhnen.

Bevor die Hauptstadt Ribeira Grande erreicht ist, geht es noch über die geschwungenen Serpentinen in der Gegend um Corda, die in den Fünfzigerjahren des 20. Jahrhunderts von Hand in die Berge geschlagen wurden. Das ist nichts für Menschen die Höhenangst haben. An der Küste angelangt, befindet man sich nicht nur im 3000 Bewohner zählenden Hauptort der Insel, sondern auch in ihrer ersten Ansiedlung. Während sich die Stadt an ihren Rändern mit modernen Bauten wie Schule, Krankenhaus, zahlreichen offiziellen Gebäuden und Handelshäusern ausdehnt, verweisen im Zentrum alte Häuser im Kolonialstil sowie Kirchen auf die Geschichte. In Povação, dem Stadtzentrum, gibt es viele Kneipen. Einer der Ortsteile trägt den Namen von Mariana da Penha da França. Diese Dame wollte eigentlich die Insel an die englische Krone geben, nachdem ihr Mann 1724 in London ermordet worden war. Die Portugiesen waren jedoch damit nicht einverstanden. Heute trägt auch noch eine Kapelle den Namen der Dame. Die katholische Kirche in der Stadt hat den Namen einer anderen Schutzpatronin, Nossa Senhora do Rosario. Das jüdische Handelshaus hingegen erinnert an die Zeit, als Juden vor allem aus Europa sich eine Zeitlang im Ort niederließen und ihn mit ihrer Geschäftigkeit und Kultur erfüllten. Für sie, wie für viele andere, war die kapverdische Insel ein Zufluchts- und Durchgangsort.

Die Kirche von Chã da Igrea

DER SCHÖNSTE ORT DER INSEL

Der nördlichste Ort von Santo Antão ist Ponta do Sol, unweit von Ribeira Grande, und wird hin und wieder auch als der schönste der Insel beschrieben. Das einstige Fischerdorf ist Sitz der Bezirksverwaltung. Und das hat einen bestimmten Grund: Als die portugiesische Regierung Mindelo auf der Insel São Vincente zur Hauptstadt von Cabo Verde machen wollte, verlegte der damalige Gouverneur den Obersten Gerichtshof aus Praia auf Santiago nach Ponta do Sol. Hier siedelten sich nicht nur viele jüdische Kaffeehändler mit ihren Familien an, hier entstanden auch bald viele Verwaltungsgebäude und großzügige Villen reicher Familien. Gleich am Ortseingang befindet sich auf einer Anhöhe weithin sichtbar beispielsweise die Villa der Familie Rochteau-Sierra, die um 1800 erbaut wurde. Nach 1975, mit der Unabhängigkeit, verschwanden die reichen Familien und mit ihnen die Pracht von Ponta do Sol. Die Stadt mit Meeranbindung verkam zur „Tankstelle" für Alkoholsüchtige. Erst in den letzten Jahren zeigte sich, auch aufgrund steigender Grundstückspreise in der Hauptstadt, ein verstärktes Interesse bei ausländischen Investoren, die Vorzüge des Städtchens touristisch zu nutzen. Dem Besucher bietet sich inzwischen ein sauberes und ruhiges Städtchen mit einem weiten Blick auf den Atlantik.

Ribeira Grande (Ribeira ist portugiesisch und heißt „Flussbett" oder „Tal") ist der bedeutendste Ort im Norden von Santo Antão. Er liegt an der Mündung der Täler „Ribeira Grande" und „Ribeira da Torre".

Malerisch ist auch der Anblick des Dorfes Fontainhas (Kleine Quellen), dessen Häuser sich bunt in der grünen Terrassenlandschaft an einer steilen Bergwand abheben. Der Basaltfelsen, an dem das Dorf zu kleben scheint, gleicht aus der Ferne einem riesigen Schädel. Im Südwesten der Insel bei Tarrafal de Monte Trigo befindet sich zwar der beste Strand der Insel, doch gehört dieser Ort auch zu den heißesten der Kapverden überhaupt. Eine Quelle sorgt dafür, dass sich hier, wo sich aufgrund der klimatischen Bedingungen eigentlich nur trockene Einöde breitmachen könnte, ein grünes Tal erstreckt, obwohl so gut wie nie ein Tropfen Regen fällt. Etwa 600 Einwohner leben hier. Inmitten der kleinen erst in jüngerer Zeit entstandenen Steinhäuser gibt es auch eine nette Pension eines amerikanisch-deutschen Paares, das vor ein paar Jahren seine Weltreise mit dem Segelboot an dieser Stelle beendete und sich hier niederließ.

Blick auf Ponta do Sol, eine der schönsten Städte auf Santo Antão

Rechte Seite:
Die schmale Straße von Ponta do Sol
nach Fontainhas führt zunächst an der
Steilküste entlang.

Der „Cova-Krater" ist ein schon lange erloschener Vulkan, auf dessen fruchtbarem Kraterboden nun Landwirtschaft betrieben wird.

Der Tope de Coroa (Coroa = Krone) ist 1979 Meter hoch. Es gibt einen 3 Mete⁻ höheren Gipfel in der Nähe, der aber keinen Namen hat. Er ist die höchste Erhebung auf Santo Antão.

Die Kapverden

Rechts und unten:
Malerisch und ziemlich versteckt in den
Bergen liegt Fontainhas ca. 2 Kilometer
entfernt von Ponta do Sol im Norden von
Santo Antão.

Links:
Die Straßenverhältnisse sind nicht immer die allerbesten auf Santo Antão, aber manche Straße ist inzwischen gut ausgebaut. Doch wen stört es, wenn er mal nasse Füße bekommt?

Unten:
Lebensfroh und aufgeschlossen sind die Bewohner der Kapverden; hier bei der Überfahrt nach Santo Antão.

Oben:
Das reizvolle Tal „Ribera do Paúl", das sich vom Städtchen Paúl im Norden der Insel Santo Antão in die Berge hinein schlängelt.

Linke Seite:
Die steile Felsenküste im Norden der Insel Santo Antão

São Vicente –
heimliche Hauptstadt Mindelo

Zu den Sehenswürdigkeiten, denen man auf Cabo Verde begegnet, gehört die Hafenstadt Mindelo, die viele als heimliche Hauptstadt der Kapverden bezeichnen und die am Canal de São Vicente liegt. Als São Vicente im Januar 1462 am Tag des heiligen Vinzenz von Valencia entdeckt wurde, erschien sie weitaus unwirtlicher als ihre Nachbarinseln Santo Antão und São Nicolau. Inzwischen ist São Vicente mit 227 Quadratkilometern Größe und etwa 70.000 Einwohnern die am dichtesten besiedelte kapverdische Insel.

GEFÄNGNISINSEL, KOHLEBUNKER, TELEGRAFENSTATION

Erst im Jahr 1794 wurde die Insel per Order mit 44 portugiesischen Ehepaaren und einigen Gefangenen bevölkert. Weiterhin wurden Freiwillige für die Insel angeworben und Sklaven dort angesiedelt. Wer von den Siedlern aber die Gelegenheit hatte, zog auf eine der benachbarten Inseln um. Die erste Siedlung Nossa Senhora de Luz wurde 1838 in Minola umbenannt und zur Hauptstadt der portugiesischen Kolonie erklärt. Gleichzeitig entstand hier das erste Kohlelager, das in späteren Jahren die Haupteinnahmequelle der Insel werden sollte. Aus dem Namen Minola wurde später Mindelo. Mit der Dampfschifffahrt gewann der Hafen als Kohlebunkerstation für die auf Langstreckenfahrt nach Fernost befindlichen Schiffe, die Afrika auf ihrem Weg umschiffen mussten, große Bedeutung. Hunderte Schiffe aus England brachten die Kohle, und Hunderte Schiffe nahmen sie jährlich für die Befeuerung an Bord. Der technische Fortschritt und der Bau des Suezkanals 1869, der den Seeweg verkürzte, läuteten das Ende der großen Zeit Mindelos als Kohleumschlagplatz ein.

Nach dem Zweiten Weltkrieg und mit dem Niedergang der Dampfschifffahrt war es mit der Pracht Mindelos endgültig vorbei, die vorwiegend englischen Reedereien zogen sich zurück, der

Schiffsverkehr kam zum Erliegen und alle damit verbundenen Verdienstmöglichkeiten auch. Seit den 1940er Jahren herrschte auf der Insel Hungersnot, und Zehntausende versuchten in anderen portugiesischen Kolonien Arbeit zu finden, um zu überleben.

1956 begann man den Hafen auszubauen und ihm eine 920 Meter lange Mole zu geben. Damit können nun auch große Schiffe im größten und wichtigsten Hafen von Cabo Verde anlegen. Die vorübergehende Schließung des Suezkanals in den Sechziger- und Siebzigerjahren brachte auch wieder einen kleinen Aufschwung für Mindelo, dessen Einwohnerzahl fortan stieg. Ende der 1990er Jahre trug die Errichtung eines Containerterminals dazu bei, den Hafen als internationalen Umschlagplatz und als eine Haupteinnahmequelle der Insel zu erhalten.

Den besten Ausblick auf Hafen und Stadt hat man vom 750 Meter hohen Monte Verde. Die Uferpromenade mit ihren Palmen und ihren prächtigen Bauten, touristischen Einrichtungen und großzügigen Plätzen lädt zum Flanieren ein. Deutlich erkennbar in der weiten Hafenbucht ist ein Betonturm mit mehreren Zinnen, der nicht hierher zu gehören scheint. Und in der Tat handelt es sich um einen Nachbau des in Lissabon stehenden Torre de Belém; er soll an die einstigen Entdecker und Herren der Insel erinnern. Zu den Attraktionen gehören der Fischmarkt, aber auch

Zeugen einer längst vergangenen Zeit findet man auch in Mindelo.

die Altstadt und die große Markthalle, deren Grundstein einst mit der Einrichtung der Telegrafenstation für die transatlantische Verbindung gelegt wurde und in der nun neben den verschiedensten Lebensmitteln Handwerksprodukte und Textilien sowie Musikinstrumente zum Kauf angeboten werden. In der Rua Lisboa findet man nicht nur kleine nette Cafés, sondern ebenso die Biblioteca Municipal und den Palácio, den ehemaligen Gouverneurspalast, der schon als Musikhalle und provisorisches Gerichtsgebäude diente.

KULTUR UND VOLKSLEBEN

Mindelo gilt nicht umsonst als das kulturelle Zentrum der Kapverden. In zahlreichen Ateliers und Keramikwerkstätten entsteht die typische kreolische Kunst, Bilder und Figuren mit alltäglichen Szenen, Wandteppiche, Korbwaren, Schnitzereien, Batiken.

Zur Faschingszeit verwandelt sich Mindelo zu einer Narrenhochburg. Das ganze Jahr über sind die Karnevalsgruppen damit beschäftigt, ihre Kostüme und Dekorationen für den Festumzug während der nächsten tollen Tage vorzubereiten. Nahezu die ganze Inselbevölkerung ist beim Karneval dabei, aber auch viele Besucher und Bewohner anderer Inseln lassen sich das jährliche farbenprächtige Treiben nicht entgehen.

AUSSERHALB MINDELOS

Außerhalb von Mindelo hat São Vicente in der gebirgigen und wüstenreichen Landschaft nur wenig zu bieten. Die wenigen Orte sind auf der kleinen Insel verstreut. An einer nordöstlich gelegenen Bucht, der Baia das Gatas (Bucht der kleinen Katzenhaie), kann man nicht nur viele Wochenendausflügler aus Mindelo mit ihren Familien antreffen, seit 1985 findet hier, am flachen, von einer Felsmole geschützten Strand, alljährlich am ersten Augustwochenende nach Vollmond ein Musikfestival statt. Rund 20.000 Musikbegeisterte aus dem ganzen Land, aber auch aus Westafrika, Portugal, Brasilien und den USA sollen sich inzwischen hier einfinden und den Strand zur Bühne machen. Auch die anderen Orte der Insel, zunächst als kleine Fischerdörfer entstanden, dienen den Städtern aus Mindelo als Ausflugsziele. So hat sich auch

Die prominenteste Künstlerin der Kapverden, die Sängerin Césaria Évora, ist 1941 in Mindelo geboren. Die „Königin der Morna" hat diese kreolische Musikrichtung, mit ihren melancholischen Liedern über die Geschichte ihres Landes, von Liebe, Schmerz und Hoffnung, weit in die Welt getragen. Auf den Kapverden ist Césaria Évora, die auch „barfüßige Diva" genannt wird, weil sie stets ohne Schuhe und Strümpfe auftritt, inzwischen fast eine Gottheit.

Der Torre de Belem ist ein Nachbau des gleichnamigen Turmes in Lissabon und soll an die einstigen Herren der Insel erinnern.

Calhau an der Ostküste vom Fischer- zum Wochenenddorf entwickelt. Windräder sorgen hier für Fruchtbarkeit, mit ihnen wird Grundwasser nach oben gefördert.

An der Westküste, in der Nähe des Fischerdorfs São Pedro, liegt der Leuchtturm Farol Dona Ana Maria. Der Weg dorthin ist aber lebensgefährlich und ein Besuch nicht zu empfehlen.

UNBEWOHNTE INSELN

Zwischen den bewohnten São Vicente und São Nicolau befinden sich drei unbewohnte Inseln, die Ilhas Desertas.

Die größte der drei ist Santa Luzia mit 35 Quadratkilometern Fläche. In der Vergangenheit wurde die Insel zeitweise von Hirten besiedelt, doch wegen der großen Trockenheit immer wieder verlassen.

Die vier Kilometer lange und etwas mehr als ein Kilometer breite Ilhéu Branco soll nur kurzzeitig in der ersten Hälfte des 19. Jahrhunderts 30 Verbrechern, die hier anlandeten, Zuflucht geboten haben. Die Insel, die im Wesentlichen aus weißem Dünensand besteht, aus dem sich kleine Berge erheben, gilt als wichtigster Brutplatz für die Vogelwelt, aber auch Reptilien wie der Riesen-Gecko und Skinks sind hier anzutreffen.

Von einer steilen Felsküste umgeben ist die dritte der Inseln, Ilhéu Razo, mit einer Fläche von sieben Quadratkilometern. Auch sie wird vor allem von Seevögeln besucht. Als Reservat für bedrohte Arten ist sie nur Wissenschaftlern zugänglich.

Der international bekannte und anerkannte Schriftsteller Germano Almeida wurde 1945 auf der Insel Boavista auf den Kapverden geboren. Er lebt heute in Mindelo auf der Insel São Vicente, betreibt einen eigenen Verlag und eine Anwaltskanzlei. Seine Romane sind weltweit sehr beliebt und wurden in viele Sprachen übersetzt.

Die Fähre im Hafen von Mindelo

Panorama von Mindelo mit Hafen

Der „Palácio do Povo", der ehemalige Gouverneurspalast

Im Hafen von Mindelo auf São Vicente

Temperamentvoll sind die Kapverdier – vor allem im Karneval hier in Minde o.

In den Vororten der Städte und den kleineren Dörfern findet man viele einfache Häuser, die im „Eigenbau" entstanden und oft noch nicht vollendet sind. Dennoch sind diese Häuser meist schon vor der Fertigstellung bewohnt, auch wenn es oft noch an vielen Dingen fehlt. Die meisten Menschen sind froh, überhaupt ein Dach über dem Kopf zu haben und nehmen das nicht so tragisch.

Oben:
Überall in Mindelo trifft man die typischen Straßenverkäuferinnen.

Links:
Der „Mercado Municipal", die städtische Markthalle in Mindelo

Blick auf Mindelo mit vorgelagertem Inselfelsen „Ilhéu dos Passaros". Im Hintergrund erkennt man die Insel Santo Antão.

Blick aus dem Flugzeug auf die unbewohnte Insel Santa Luzia. Sie liegt zwischen den Inseln São Vicente und São Nicolau.

São Nicolau –
was das Meer hergibt

Die frühere Bischofskirche „Igreja Matriz de Nossa Senhora do Rosário" im historischen Stadtkern von Vila da Ribeira Brava. Sie war einst die größte Kirche Westafrikas. Historisch bedeutend wurde Vila da Ribeira Brava auf São Nicolau durch die Gründung eines Priesterseminars und einer weltlichen Schule im Jahr 1866. Viele berühmte Dichter und Denker der Kapverden gingen aus dieser Schule hervor. So auch der Dichter José Lopes da Silva, dessen Geburtshaus ebenfalls im Zentrum von Ribera Brava liegt.

Die fünftgrößte Insel des Archipels wurde zunächst nur als Weideland betrachtet, nachdem man sie 1461, am Sankt-Nikolaus-Tag, aktenkundig erstmals betreten hatte. Die ersten Siedler sind seit Mitte des 17. Jahrhunderts registriert und sollen von den südlichen Inseln und aus Madeira hierher gekommen sein. Dazu ist noch von Sklaven aus Guinea die Rede. Zunächst lebten sie in dem Küstendorf Porta da Lapa, zogen dann aber wegen der häufigen Piratenüberfalle weiter ins Innere der Insel und gründeten 1693 den heutigen Hauptort Vila da Ribeira Brava (Wilder Fluss). Mit ihrer Besiedlung wollten die Portugiesen eine „Kreolisierung" der Inseln verhindern. Wohl auch, um ein Auge auf die Entwicklung zu haben, wurde 1780 der Bischofssitz von der Insel Santo Antão nach Ribeira Brava verlegt. Hier stand die damals größte Kirche Westafrikas. Fast 90 Jahre später wurde in der Nähe, in Calejão, das erste westafrikanische Priesterseminar gegründet und wenig später auch eine weltliche Schule, auf die sogar Mädchen gehen durften. Die reicheren Familien Cabo Verdes schickten ihre Kinder auf die Schulen nach São Nicolau, begabte Kinder armer Familien erhielten hier ebenfalls eine Chance. Die Insel wurde zu einem geistigen Zentrum. Der Umgang mit der Bildung prägte das Leben auf der Insel, den Stolz ihrer Bewohner. Mit der Trennung von Kirche und Staat in Portugal wurde das Priesterseminar geschlossen. Das war 1917. Die weltliche Schule zog nach Mindelo auf São Vicente um, wohin auch der Bischofssitz verlegt wurde. Die Gebäude verfielen und dienten später als Unterbringungsort für politische Gefangene des Salazar-Regimes.

Das 20. Jahrhundert brachte auch dieser Insel mehrere Dürrekatastrophen und den Einwohnern einen andauernden Überlebenskampf. Der Trockenfeldbau konnte die Menschen nicht mehr ernähren, viele starben oder wanderten aus. Große Teile der Insel verödeten. Die Bevölkerungszahl ist seit 20 Jahren etwa gleich geblieben und liegt heute bei 13.500. Überall fehlt das Leben spen-

dende Elixier, das Wasser. Verschiedene Projekte wurden deshalb in Angriff genommen, um den Mangel zu beheben.

VILA DA RIBEIRA BRAVA

Die 346 Quadratkilometer große Insel ist ziemlich dicht besiedelt, wobei sich die meisten bewohnten Orte im Westteil der lang gestreckten Insel in der Nähe der „Ribeira" (Trockentäler) und des Hauptortes Vila da Ribeira Brava befinden. Ribeira Brava liegt in einem grünen Tal in der Hochebene und zählt etwa 3500 Einwohner. Wenn es hier regnet, versinkt ringsum kurzfristig alles in den Fluten.

Noch immer ist der einstige Bischofssitz Igreja Matriz de Nossa Senhora do Rosário, die im 18. Jahrhundert erbaute Kirche, eines der sehenswertesten Gebäude. Wie überall auf Cabo Verde sind die älteren Gebäude der Stadt vom Kolonialstil geprägt. Mit verschiedenen öffentlichen Einrichtungen, einer Bank, Geschäften und Restaurants sowie einem Lebensmittelmarkt ausgerüstet, ist Ribeira Brava nicht nur geografischer, sondern auch politischer und kommerzieller Mittelpunkt von São Nicolau.

Einst, genauer gesagt 1818, hatte man zum Schutz vor Überfällen an der Küste, südlich von Ribeira Brava, in Preguiça eine Festung gebaut, denn über den Hafen dieses Dorfes wurde der Handel der Insel abgewickelt. Hier soll zu Beginn des 16. Jahrhunderts der

Heinrich der Seefahrer (1394–1460) war der Bruder des portugiesischen Königs Eduard I. und ein berühmter Seefahrer seiner Zeit. Die Insel São Nicolau wurde 1461 am St.-Nikolaus-Tag von Kapitän Antonio da Noli aus Genua erstmals betreten. Dieser nahm sie für die portugiesische Krone noch im Auftrag von Heinrich dem Seefahrer in Besitz, der bereits im November 1460 verstarb. Entdeckt wurden die Kapverdischen Inseln bereits 1456 durch den Seefahrer Aloiso Cadamosto, der ebenfalls im Dienste von Heinrich dem Seefahrer stand.

Vergleichsweise üppige Vegetation gibt es am Fuß des Monte Gordo.

Seefahrer Pedro Alvares Cabral letztmalig vor Anker gegangen sein, bevor er den Europäern Brasilien entdeckte. Ein Brunnen soll daran erinnern, dass dies die letzte Station war, wo sich sein Schiff mit Trinkwasser für die Reise versorgte. Ansonsten fristet das Dorf ein eher bescheidenes Dasein, zumal sich das Leben weiter westlich abspielt. Wer in diesem Hafen landet, bleibt nicht hier, sondern fährt mit einem der für Cabo Verde typischen Sammeltaxis, den Alugueres, in die Orte der Hochebene oder an die West- und Nordwestküste.

Die älteste Siedlung an der Südküste der Insel, Porta da Lapa, ist nur noch ein Geisterdorf und seit 1988 unbewohnt. Die einsamen Strände bei Carriçal oder bei Talhada ganz im Osten wirken wie Oasen, entlocken aber sicher nur bei Kurzzeitbesuchern auch romantische Gefühle. Neben den wenigen Küstenorten im Ostteil der Insel trifft man immer wieder auch auf verfallene, unbewohnte Orte. Unvorstellbar, dass in dieser bergigen Wüstenlandschaft überhaupt jemals Menschen existieren konnten.

AN DIE WESTKÜSTE

Die gepflasterten Straßen von Vila da Ribeira Brava an der Westküste und weiter nördlich dagegen führen an den schönsten und fruchtbarsten Tälern der Insel vorbei. Bei den Bauern – zum Beispiel in der Gegend von Cabeçalinho und Cachaço – kann man sehen, wie die Arbeiten in der Landbewirtschaftung und Tierhaltung sich auf die ganze Familie verteilen, was wie angebaut wird und was das Leben für sie ausmacht.

Der Ort Praia Branca (Weißer Strand) im Nordwesten liegt nicht an der Küste, wie man vermuten würde. Er wurde wegen der häufigen Piratenüberfälle im 18. Jahrhundert einfach weiter ins Landesinnere verlegt, behielt aber seinen Namen. Etwas weiter nördlich verweist der Ort Ribeira da Prata darauf, dass die Insel nicht nur von Piraten überfallen wurde, sondern auch als Unterschlupf diente. Der Name Ribeira da Prata bedeutet „Piratental". Ein friedlicher kleiner Ort, der nichts mehr davon ahnen lässt.

Als Wanderparadies ist die Insel mit ihren ausgedehnten Stränden und der Bergwelt, die sanftere und steilere Hänge aufzuweisen hat, noch ein ein „Geheimtipp". In der Vegetation der unbewirtschafteten Flächen auf São Nicolau stößt man nicht nur auf Sträucher und Akazien, sondern öfter als anderswo auf recht seltsam anmutende Gewächse – Drachenbäume. Ihre Besonderheit ist, dass sie eigentlich keine „richtigen Bäume", sondern eher den Agaven und Liliengewächsen zuzurechnen sind. Das ungefähre Alter der Drachenbäume, die nur alle 15 Jahre blühen und sich verzweigen, kann man an der Anzahl der Astgabeln ermitteln. Der harzähnliche Saft der Bäume wird Drachenblut genannt und in der kapverdischen Naturmedizin als Heilmittel verwandt.

Zu den gern besuchten Sehenswürdigkeiten an der Nordküste gehört das „Blaue Loch" unweit von Carvoeiros. Die an dieser Stelle einst ins Meer geflossene und erstarrte Lava hat im Laufe der Zeit und durch den Einfluss des Meerwassers eine eigenartige Form erhalten und umschließt hier ein Wasserloch, aus dem bei starkem Wellengang das blaue Meerwasser wie eine Fontäne herausschießt.

An der Westküste trifft man auch auf breite Strände mit schwarzem Sand. Dieser Lavasand ist stark jod- und titanhaltig und dient einheimischen Rheumakranken zur Linderung ihrer Beschwerden. Weiter südwestlich liegt Tarrafal de São Nicolau, von der Einwohnerzahl her inzwischen der größte Ort der Insel. Das liegt auch daran, dass hier der Fischfang in größerem Stil betrieben wird.

Tarrafal hat eine große Thunfischfabrik, in der Konserven nicht nur für die Kapverden, sondern auch für den Export zum Beispiel nach Europa hergestellt werden. 150 Beschäftigte finden allein in der Fabrik Arbeit. Fische und Meeresfrüchte sind neben den Überweisungen der Emigranten die Haupteinnahmequelle der Insel. Neben kleinen Fischerbooten findet man hier größere Kähne, die fast täglich die Kühlhäuser im Hafen mit ihren Fängen befüllen. In den letzten Jahren sind in Tarrafal viele neue Wohnhäuser entstanden. Vieles befindet sich noch im Bau. Auch wenn die dunklen Strände weniger zum Baden einladen, Wassersportler und Hochseeangler kommen hier voll auf ihre Kosten. So gibt es inzwischen in Tarrafal einige Hotelbauten und weitere sind im Entstehen.

Beeindruckend und schön. Der Monte Gordo ist mit seinen 1312 Metern der höchste Berg auf São Nicolau.

Der Ort heißt Praia Branca, was übersetzt „weißer Strand" bedeutet. Das Dörfchen liegt aber im Westen von São Nicolau vor den Bergen, und bis zum weißen Strand sind es von hier aus noch gute 5 Kilometer. Dies erklärt sich durch die Tatsache, dass man wegen häufiger Piratenüberfälle den Ort im 18. Jahrhundert ins Hinterland verlegte.

Stadtrand und Gärten von Ribeira Brava. Von hier aus führt ein sehr schöner aber steiler Wanderweg durch die Berge nach Cachaço.

Blick aus den Bergen auf Vila de Ribeira Brava

Ausblick vom Gipfel des Monte Gordo in Richtung Westen.

Nächste Seite:
In den Bergen von São Nicolau

Der Berg Senhora do Monte liegt mit seinen 979 Metern im zentralen westlichen Bergmassiv von São Nicolau in der Nähe des Monte Gordo. Der beliebte Wanderweg von Ribeira Brava nach Cachaço führt hier vorbei.

Im Hafen von Tarrafal de São Nicolau. Tarrafal ist die größte Stadt auf São Nicolau und nicht zu verwechseln mit den beiden gleichnamigen Städten auf den Inseln Santiago und Fogo. Im Hintergrund der Gipfel des Monte Gordo.

Sal – Mondlandschaft aus Salz

Gerade mal 25 Kilometer lang ist Sal. An der breitesten Stelle misst die Insel zwölf Kilometer. Auf Sal, 54 Meter über dem Meeresspiegel, liegt der Flughafen „Amilcar Cabral", der internationale Flughafen der Kapverden, benannt nach dem Nationalhelden der Inselrepublik. Von hier aus erreicht man auch die anderen fünf Flughäfen des Landes. Alles auf der Insel ist bescheiden, auch der Airport. Einheimische verschlägt es nur hierher, weil der Flughafen und die Touristikindustrie neue Arbeitsplätze schufen, wodurch die Arbeitslosigkeit hier nicht ganz so hoch ist wie im übrigen Land. Heute leben auf Sal etwa 18.000 Insulaner, überwiegend männlich und unter 40 Jahre alt.

LUFTKREUZ SAL

Vermutlich würde Sal auch heute noch ein weißer Fleck auf der Landkarte internationaler Begehrlichkeiten sein, hätte nicht das faschistische Mussolini-Italien den strategischen Wert der kargen portugiesischen Kolonialinsel erkannt. Sal sollte ein Sprungbrett werden für das geplante Vordringen auf den afrikanischen Kontinent. Senegal gehörte zu den Zielen Italiens. Zwischen 1936 und 1939 ließen die Italiener hier einen Airport bauen, und mit dem Erstflug eines Flugzeugs am 15. Dezember 1939 begann die eigentliche Geschichte der Insel.

Von Mitteleuropa aus fliegt man ca. 6 Stunden, bis man auf dem internationalen Flughafen in Espargos auf Sal landet.

Nach dem Ende des Zweiten Weltkrieges übernahmen 1947 die Portugiesen den Flughafen und investierten kräftig, da Langstreckenflüge ins südliche Afrika und vor allem nach Lateinamerika nur mit Zwischenstationen möglich waren. Die Flugzeuge zwischen Europa und Südamerika wurden auf Sal aufgetankt.

Vor allem das südafrikanische Apartheidsystem und die Sowjetunion zeigten in den 1960er Jahren Interesse am Ausbau des Flughafens mit seinen zwei Landebahnen. Das damals in der Welt geächtete rassistische Südafrika musste ein Überflugverbot über die schwarzafrikanischen Staaten geografisch umgehen, und die Sowjetunion suchte stille Wege, um im Kalten Krieg ihre Lufttransporte, vor allem nach Kuba, unauffällig bewältigen zu können. So kam es zwischen dem Apartheidregime und der sozialistischen Großmacht zu einer recht merkwürdigen Kooperation. Südafrika und die UdSSR errichteten riesige Tanklager und Hangars. Zur Wartung ihrer Maschinen legten sie eine Treibstoffleitung für Flugbenzin vom Seehafen zum Flughafen.

Mit der Unabhängigkeit der Kapverden 1975 und der politischen Nähe des Landes zur Sowjetunion wurde der Flughafen ein wichtiger strategischer Außenposten für die sowjetische Luftfahrt. Doch der technische Fortschritt im internationalen Flugwesen gestattete immer mehr Direktflüge und Sal als Zwischenstation geriet ins Abseits.

Nach dem Zerfall des Sowjetsystems und dem Aufstieg des Tourismus zur wichtigsten Einnahmequelle des Landes hat der Flughafen „Amilcar Cabral" seine Bedeutung wiedergefunden.

SAND, SALZ UND FELSEN

Trocken, sandig-felsig, salzig – das sind die drei Worte, die Sal treffend beschreiben. Die Insel ist eine Geröllwüste vulkanischen Ursprungs, vergleichbar mit einer flachen Mondlandschaft, die nur wenige Krater und Berge aufweist. Kaum Vegetation, fast nie Regen und immer ein kräftiger Passatwind, der das Meer nicht zur Ruhe kommen lässt. Die Insel ähnelt in der Form – mit etwas Fantasie und aus der Vogelperspektive betrachtet – einer überreifen braungelben Birne oder einem ovalen Streuselkuchen. Umso faszinierender ist der Blick auf das umgebende türkisfarbene Meer. Endlose Sandstrände mit leichten Erhebungen prägen die Landschaft. Grüne Flecken finden sich nur in der Nähe der Hotelanlagen und Ansiedlungen, die in den letzten Jahren entstanden. Es ist die mit einigen Einschränkungen fast unberührte Kargheit, die diese Insel so besonders macht. Der Salzabbau, der einst der Insel ihren Namen gab, ist heute kaum von Bedeutung. Und der Fischfang dient vor allem der einheimischen Bevölkerung als Nahrungsquelle.

Der Tourismus ist für Sal die einzige Chance, dem Schattendasein zu entkommen, doch er birgt auch Gefahren. Die Insel könnte sich zu einer der Einheitstouristenanlagen mit Katalogcharakter entwickeln, wie sie schon an so vielen Orten auf dieser Welt zu finden sind: ewige Sonne, gepflegte Anlage mit Pool, Dauerberieselung mit Unterhaltung und Touristenanimation. Obwohl das alles noch nicht zu ausgeprägt ist, stößt man aber auch auf Sal auf eine ganz andere Hinterlassenschaft der modernen Welt: den Müll. In der „ökologisch-korrekten" Verwertung der Abfälle liegt die Insel weit zurück. Touristen sind nicht selten erschüttert, wenn sie auf Müllberge stoßen.

Um die Mittagszeit empfiehlt es sich, das „Blaue Auge" zu besichtigen. Es ist ein großes Loch in der Felsenküste, in der Nähe von Buracona, das durch die Sonnenstrahlung beleuchtet wird und so dem Wasser eine besonders blaue Färbung gibt. Natürlich muss das Wetter auch mitspielen.

PEDRA LUME

Eine einzige Region der Insel wurde bisher als Naturpark ausgewiesen, sie befindet sich nahe der fast menschenleeren Ortschaft Pedra Lume (das bedeutet: „Feuriges Gestein") am Fuße des gleichnamigen Kraters. Der Boden des erloschenen Vulkans liegt knapp unter Meeresniveau. Ein Tunnel, einst für den Salztransport gegraben, führt zum Inneren des Kraters mit seinem Salzsee und den Salinen. Der Salzgehalt ist hier besonders hoch, allerdings lädt die geringe Wassertiefe eher zum Plantschen als zum Schwimmen ein. Gut gepökelt wird man dem klebrigen Wasser dann entsteigen. Das Meerwasser dringt durch das poröse Gestein bis auf den Grund des Vulkankessels. Dort verdunstet es, zurück bleibt das steinige Salz.

Vor rund 150 Jahren begannen die Portugiesen, hier Salz abzubauen. Die Franzosen, die vor etwa 90 Jahren die Salzgewinnung übernahmen, errichteten eine 1100 Meter lange Seilbahn zum Transport des weißen Goldes bis an die Küste. 25 Tonnen Salz pro Stunde konnten so zum Meer befördert werden, wo es dann beispielsweise eine lange Reise nach Lateinamerika antrat. Bahn und Masten sind heute nur noch als Industriedenkmal einer vergangenen Zeit zu bewundern. Für die Konservierung des Fischs war Salz eine unentbehrliche Zugabe. Mit den immer moderner werdenden Fang- und Konservierungsmethoden aber verlor der Salzabbau seine Bedeutung. Die Salinen werden heute nur noch für den Inselgebrauch von einigen privaten Betreibern genutzt.

Pedra Lume ist heute eine Geisterstadt, wie man sie aus alten Westernfilmen kennt. Die Zeugnisse alter Zivilisation – Verladestation, Endstation der Drahtseilbahn, Salzabfüllstation – sind vom Wind halb zugeweht. Kein Mensch weit und breit, nur das unheimliche geisterhafte Pfeifen des Windes und das Knarren des morschen Gebälks.

PALMEIRA

Palmeira auf der anderen Inselseite, gegenüber von Pedra Lume, ist der wichtigste Hafen von Sal, über den der gesamte Seehandel der Insel abgewickelt wird. Er wurde von der Sowjetunion gebaut und 1986 eingeweiht. Fische, Importprodukte, Treibstoff für die Flugzeuge – alles kommt hier an oder geht von hier auf Seereise. In einer riesigen Lagerhalle werden jährlich ca. 80 Tonnen Langusten, die in einer nahe gelegenen Zuchtstation aufwachsen, für die Ausfuhr verpackt. Früchte und Gemüse werden ebenfalls eingelagert. Zugleich befinden sich hier auch die Meerwasserentsalzungsanlage und eine Fischverarbeitungsfabrik. In dem kleinen Yachthafen gibt es auch ein paar Edelyachten zu bewundern. Sie gehören in der Regel Seefahrern, die den Atlantik überqueren wollen und hier ein Zwischenstopp einlegen.

Der Fischfang spielt auch auf Sal eine wichtige Rolle. Neben dem Fang und Verkauf von Thunfisch, der die größte Bedeutung für die Fischerei hat, entwickelte sich in den letzten Jahren auch die Zucht von Langusten. Etwa 80 Tonnen Langusten werden jedes Jahr aus der Zuchtanlage von Palmeria auf Sal in alle Welt verkauft.

Eine bei Einheimischen und Touristen beliebte Bar.

Wer mit dem Schiff zu den anderen Inseln reisen will, der fährt von Palmeira ab. Allerdings darf man nicht auf genaue Abfahrtzeiten hoffen. Die Boote fahren mehr nach Lust und Laune der Kapitäne – und nach Wetterlage. Ein mehrtägiger Zwangsaufenthalt am Hafen Palmeira kann so durchaus schon mal vorkommen. Nutzen kann man den für einen kleinen Ausflug zu Fuß, zum etwa fünf Kilometer entfernten Buracona, einem Naturschauspiel an der Küste. Es ist ein natürliches Überlaufbecken aus schwarzem Lavastein einige Meter über dem Meeresspiegel, das sich bei Flut auffüllt und aus dem das Wasser dann wieder abläuft. Eine große Badewanne im Felsen, von Salzwasser geformt.

SANTA MARIA

Als „Oase am Atlantik" bezeichnen Touristenführer die Stadt Santa Maria am Südzipfel der Insel. Die Stadt, einst ein kleines Fischerdorf, liegt 17 Kilometer vom Flughafen entfernt und profitiert ausschließlich vom Tourismus. Lange weiße Strände bieten den weniger wanderfreudigen Touristen ideale Bedingung zur Entspannung. Tauchsport, Surfen und Wasserski werden hier intensiv betrieben. Natürlichen Schutz vor der Sonne gibt es nicht. Die Stadt ist klein, sauber und überschaubar mit Strandrestaurants und Souvenirläden.

Die Cistanche Phelypaea ist ein auf Sal stark verbreitetes Spargel ähnliches Gewächs und gehört zur Familie der Sommerwurzgewächse und ernährt sich aus den Wurzeln anderer Pflanzen.

Espargos ist die größte Stadt auf der Insel Sal und hat Ihren Namen nach diesem Spargelgewächs bekommen (Espargos=Spargel).

VERWALTUNGSSITZ ESPARGOS

Die Stadt Espargos ist Sitz der Verwaltung der Insel, und mit ihren 8000 Einwohnern ist sie die bevölkerungsreichste Ansiedlung und unmittelbar am Flughafen gelegen. Den Namen hat das Gemeinwesen von einer 40 Zentimeter großen Pflanze mit gelb blühenden Kerzen erhalten, der Cistanche phelypaea. Sie steckt ihre Blüten aus dem Sand und ähnelt einer Spargelpflanze. Sie gräbt sich tief in den Boden ein und bezieht ihre Nahrung aus anderen Gewächsen. Vermutlich wurde sie von den Portugiesen auf die Insel gebracht und hat sich dort verbreitet, denn ihre Heimat ist Südportugal, also Südeuropa. Espargos ist ein Ort ohne nennenswerte Sehenswürdigkeiten oder Attraktionen, doch mit einem besseren Wohnkomfort für die Beschäftigten des Flughafens.

Große Reiseveranstalter und Hotelketten haben Sal für den Tourismus entdeckt.

Am Strand von Santa Maria auf Sal. Hier kommen Urlauber, die Erholung am Strand, in der Sonne und im Wasser suchen, voll auf ihre Kosten. Viele neue Hotelanlagen sind in den letzten Jahren hier entstanden.

Auch für Wassersportler ist Sal ein kleines Paradies. In Ponta Preta an der Südwest-Küste, nahe der Stadt Santa Maria, sind die Bedingungen für Surfer und Wellenreiter ideal. Hier wurden auch schon verschiedene Weltmeisterschaften ausgetragen.

Oben und rechts:
Traumhafte weiße Strände, wunderschöne, gepflegte Ferienanlagen und glasklares Wasser machen Santa Maria zum
bedeutendsten Touristenzentrum auf den Kapverden.

Seiten 92 und 93:
Die größte Stadt auf Sal ist Espargos. Im Hintergrund erkennt man die beiden höchsten Erhebungen auf Sal: den Monte Grande
mit 406 Metern (links) und den Morro Sal mit 309 Metern (rechts).

Ganz ausgestorben ist Pedra Lume noch nicht. Ein paar Fischer sind hier noch zu Hause. Vermutlich werden sie nicht mehr lange allein sein, denn ein italienisches Touristikunternehmen hat sich der Salzregion angenommen.

Salzgewinnung in der Saline von Pedra Lume, einem erloschenen Vulkankrater. Der Salzsee in der Saline hat einen besonders hohen Salzgehalt, der sich für die Behandlung bestimmter Hautkrankheiten eignet.

Oben:
Eines der typischen Fischerboote in
Santa Maria auf Sal. Im Hintergrund das
Salzhaus von Santa Maria.

Rechts:
Santa Maria ist das neue Touristenzentrum und gleichzeitig Fischerhafen
von Sal. Der Verkauf der Fische
funktioniert wie auch auf allen anderen
Inseln. Verkauft wird direkt am
Landungssteg.

Rechte Seite:
An der Küste von Sal trifft die Brandung des Atlantiks mit voller Wucht an den Strand. Eine Herausforderung für jeden Surfer.

Über viele Jahre hinweg war der alte Holzlandungssteg der Fischer in Santa Maria eine traurige Berühmtheit, weil einsturzgefährdet. Im Jahr 2006 wurde der Landungssteg abgerissen und neu errichtet (siehe Bild auf der rechten Seite).

Für einfache und unkomplizierte Lösungen sind die Insulaner bekannt. Während der neue Anlegesteg für die Fischer gebaut wurde, verkauften sie ihre Fische direkt vom Boot aus.

Boa Vista – gesunkene Vergangenheit

Boa Vista, die drittgrößte Insel der Kapverden, wird in den nächsten Jahren mit Sicherheit ihr Antlitz grundlegend verändern, da der internationale Flughafen kürzlich in Betrieb genommen wurde. Die italienische Reiseindustrie steht schon in den Startlöchern, um sich die 620 Quadratkilometer des kreisförmigen Eilands mit einer Ost-West-Ausdehnung von 29 Kilometern und der Nord-Süd-Ausdehnung von 31 Kilometern und mit seinen 55 Kilometer feinsandigen weißen Stränden im Atlantik zu erobern. In ein paar Jahren könnte Boa Vista für die Italiener in kleinerem Format das werden, was für die Deutschen Mallorca bedeutet.

NATURSCHUTZ

Schon heute müssten deshalb für den Naturschutz wichtige Pflöcke eingeschlagen werden zum Schutz der dortigen Tierwelt. Wenn der Massentourismus mit all seinen Konsequenzen erst einmal die Insel überrollt hat, wird es schwer werden, nachträglich Korrekturen vorzunehmen. So legen Meeresschildkröten an einigen Strandabschnitten in den Sommermonaten ihre Eier ab. Die Walwanderung zieht im Frühjahr an der Insel vorbei. Auch Delphine fühlen sich an der Küste von Boa Vista wohl. Sie müssen vor der neuen Generation von „Naturschützern" geschützt werden. Diese Bereiche sollten für die Zivilisation tabu bleiben oder Nutzung nur unter der Aufsicht erfahrener Einheimischer erfolgen, die seit alters mit dieser Natur zu leben gewohnt sind.

Bis auf weiteres bleibt Boa Vista ein Paradies für alle, die nach Einsamkeit suchen oder einen Surfurlaub machen wollen. Für die Wellenreiter aus aller Welt sind die Strände von Boa Vista ideal, da sie fast das ganze Jahr über Sportmöglichkeiten bieten.

Etwa 4200 Menschen bewohnen die Insel, genaue Zahlen liegen nicht vor. Sie leben, wie auch auf Sal, vom bescheidenen Tourismus, von Fischfang und Landwirtschaft.

Delphine kann man vor der Küste Boa Vistas entdecken.

WÜSTENLANDSCHAFT

Die Landschaft wird bestimmt von ausgedehnten Sand- und Geröllwüsten. Wenige vulkanische Berge schieben sich in die Landschaft. Die höchste Erhebung ist der Monte Estancia mit 387 Metern. Rund um den Berg findet die Sahara ihre kapverdische Fortsetzung. Die Wüste hat von der Insel in kurzer Zeit Besitz ergriffen. Doch finden sich zwischendurch auch immer wieder grüne Oasen und Palmenwälder. Schaf- und Ziegenherden können sich trotz der scheinbaren Vegetationslosigkeit offensichtlich gut ernähren. Der Sand ist durch den Meereswind in beständiger Bewegung, Landschaften formen sich durch den Flugsand ständig neu. Zeugnisse der Zivilisation verschwinden über die Jahre unter den Sandbergen.

Wasser gehört zu den kostbarsten Gütern von Boa Vista. Es gibt nur eine nutzbare natürliche Wasserstelle. Deshalb wird Trink-

Sanddüne auf Boa Vista

wasser aus dem Meer in Entsalzungsanlagen gewonnen. Eine größere Anlage versorgt den Hauptort Sal Rei und die umgebenden Dörfer, die wenigen modernen Hotels verfügen über eigene Entsalzungsanlagen.

WECHSELHAFTE GESCHICHTE

Die 500-jährige Geschichte der Insel ist geprägt von Sklavenhandel, Piraterie, Krankheit und Dürre. Den Namen soll sie einem Seefahrer verdanken, der beim ersten Anblick „schöne Aussicht" (Boa Vista) gerufen haben soll. Immer wieder gab es Versuche, die Insel zu besiedeln und für die Viehzucht zu nutzen. Immer wieder wurde sie durch Epidemien und Trockenheit entvölkert. 1460 wurde die Insel zum portugiesischen Besitz erklärt. Als Christoph Kolumbus 1498 hier Station machte, soll er nicht nur Hirten und Fischer, sondern auch eine Lepra-Kolonie vorgefunden haben. Der Salzhandel war auch hier die Triebfeder für die wirtschaftliche Entwicklung. Die Salinen wurden von Sklaven betrieben, die das weiße Gold an die englischen Kapitäne abliefern mussten. Erst 1878 wurde die Sklaverei auf der Insel endgültig abgeschafft, nachdem eine gemeinsame portugiesisch-englische Kommission 20 Jahre zuvor die entsprechenden Beschlüsse fasste. Die Engländer zogen sich von der Insel zurück und fanden in benachbarten Regionen neue Profitquellen im Kohlehandel.

Es waren aus Marokko stammende jüdische Händler, die in den 80er Jahren des 19. Jahrhunderts noch einmal versuchten, der Insel neues Leben einzuhauchen. Die auf der Insel entdeckten Tonvorkommen boten sich für die Entwicklung einer Bauwirtschaft an. Die zweistöckigen jüdischen Handelshäuser haben als Ruinen die Zeiten überdauert und zeugen vom bescheidenen Aufschwung im 19. Jahrhundert. Es entsteht der Eindruck einer untergegangenen Zivilisation, wenn ein Schornstein, Mauerreste und Maschinenteile als Zeugnisse der einstigen Industrialisierung aus dem weißen Sand herausschauen. Um an die Tonvorkommen zu gelangen, wurde das dort verbreitete Tamariskengestrüpp gerodet, übrig blieb eine Wüstenlandschaft. Nachgewachsen ist nichts.

SAL REI

Nach und nach beginnt die Bevölkerungszahl wieder zu wachsen. Vor allem im Hauptort der Insel, Sal Rei, regt sich neues Leben. Hier ist nicht nur die Verwaltung angesiedelt, hier befinden sich auch die wichtigsten Hotels und der neu gebaute Hafen. Die kleine Stadt hat heute etwa 2500 Einwohner. Der Hauptplatz, der Praça de Santa Isabel, ist mit vielen Blumen geschmückt, afrikanische Händler bieten Schnitzereien und bunte Batiken an. Das Obst und Gemüse kommt vom afrikanischen Festland. Ein Reisebüro, ein Gesundheitszentrum, eine Bank und eine Post haben sich in Sal Rei etabliert.

Die Kirche „Igreja de Santa Isabel" in Sal Rei auf Boa Vista

RABIL

Rabil, der Ort des Flughafens mit dörflichem Charakter und einigen hundert Seelen, ein wenig zurückgesetzt im Inselinneren, bietet nur wenige Sehenswürdigkeiten, darunter die älteste noch erhaltene Kirche, eine Töpferschule, in der die traditionellen Wasserkrüge hergestellt werden. Bei Wanderungen durch die Insel darf man nicht überrascht sein, wenn man immer wieder mal auf Müllhalden stößt, die in freier Natur vor sich hinrotten. Der Wüstensand hat viel Unrat überdeckt, was natürlich keine Lösung des Problems ist.

TAUCHSPORTLER UND SCHATZSUCHER

In regelmäßigen Abständen tauchen vor der Küste von Boa Vista Schiffe auf, die offensichtlich keine touristischen Absichten verfolgen. An Bord sind Taucher, mit Meereskarten ausgerüstet, die den Meeresgrund nach Schätzen absuchen. Boa Vista wurde in den vergangenen Jahrhunderten zum Grab von Reisenden, Abenteurern und Welteroberern. Vor der Insel werden noch viele ungehobene Schätze vermutet. Die gefährlichen Riffe und die unberechenbaren Strömungen an der Nord- und Ostküste sowie der Sandnebel bei Sturm wurden im Laufe der Zeit schon vielen Seefahrern zum Verhängnis. Deshalb hatte man am Monte Negro, am östlichsten Punkt der Insel, einst einen Leuchtturm errichtet, um die Seefahrer vor den tückischen schwarzen Lavariffen zu warnen.

Auch auf Boa Vista gibt es wunderbare
Sandstände und gute Wassersport-
bedingungen.

Oben:
Der „Praia Carlota" genannte Strand vor
dem Hintergrund des Ortes Sal Rei

Linke Seite:
Wüsten- und Oasenlandschaft vor dem
Hauptort Sal Rei

Maio – verträumte Einsamkeit

Sonne, Strand und Einsamkeit sind vorherrschend auf der relativ flachen, 269 Quadratkilometer großen Insel Maio, die ebenfalls ihren Namen dem Entdeckungsdatum im Mai (Maio) 1460 verdankt. Die weit überschaubaren Sandflächen und Salzwiesen erschienen am ehesten für die Haltung und Zucht von Nutztieren geeignet. Jedenfalls schickte man im 16. Jahrhundert aus Portugal Ziegen, Rinder, Schafe und Esel, die – hier in Herden gehalten – sich gut vermehren konnten, auch weil beispielsweise auf das Schwarzschlachten hohe Strafen standen.

SKLAVEN ALS VIEHZÜCHTER

Zunächst lebten nur wenige Sklaven als Hirten auf der Insel. Die erste Ansiedlung gab es nicht an der Küste, sondern am Monte Penoso (Mühsamer Berg), eine der wenigen Erhebungen und mit 436 Metern immerhin die höchste auf Maio. Die kleine Kapelle Nossa Senhora do Rosário unterhalb des Berges zeugt von der ersten Besiedlung, sie ist die älteste Kirche auf Maio.

Maio hat aber ebenso eine Salzgeschichte. Im Südwesten liegt eine große natürliche Saline, um die es im 18. Jahrhundert heftige Auseinandersetzungen vor allem zwischen Portugiesen und Engländern gab. Als Zeugnis des damals florierenden Salzhandels kann man noch heute die Reste eines Landungsstegs aus Zedernholz wenige Meter vom Hafen Porto Inglés erkennen. Einem modernen Kunstwerk gleich stehen die verwitterten Holzpfeiler im weißen Salzstrand. Bald jedoch bekam Maio Konkurrenz durch die wesentlich ertragreichere Insel Sal, und außerdem machte auch der technische Fortschritt – sowohl hinsichtlich des Abbaus als auch des Transports – den Salzabbau an vielen anderen Orten der Welt möglich und wesentlich effektiver. Die Salzgewinnung auf Maio, die der Insel zeitweilig einigen bescheidenen Reichtum bescherte, wurde sehr bald bedeutungslos.

Was die Bevölkerung im Laufe der Geschichte betraf, so gesellten sich zu den Sklaven als erste „Siedler" bald noch andere Arme und Entrechtete, die von Santiago aus hierher gebracht wurden. So avancierte Maio gewissermaßen zum Hinterhof Santiagos. Epidemien und Hungersnöte waren keine Seltenheit. Auch später, nach dem Ende der Sklaverei, trieben Dürren viele der inzwischen angesiedelten Einwohner immer wieder in die Emigration. Auch in den letzten Jahrzehnten wurde die Insel wiederholt von Dürrekatastrophen heimgesucht. Die nahezu über Jahrhunderte betriebene Tierhaltung hatte eine Überweidung zur Folge, die ständigen erodierenden Winde taten ein Übriges. Anders als auf anderen Inseln steigt die Bevölkerungszahl von gut 6700 Bewohnern auf Maio kaum an.

HELLE SANDSTRÄNDE ...

Entlang der Westküste erstrecken sich ausgedehnte, einsame weiße Strände mit unendlich erscheinenden Dünenfeldern und der bizarren Vegetation Salz liebender Pflanzen. Auf Maio befinden sich 30 Prozent der Sandstrände von Cabo Verde, was natürlich ausländische Investoren neugierig macht. Im Süden liegt mit Vila do Maio die größte Siedlung der Insel mit dem Hafen Porto Inglés – und hierhin führen alle Wege der wenigen bewohnten Orte. Den Namen Vila do Maio trägt die Stadt erst seit 1975, davor hieß der Ort Porto Inglés. Der Hafen soll künftig als Frachthafen ausgebaut werden. Ein geplantes Betonwerk wird nun aber doch nicht gebaut. Dafür setzt man eher auf Tourismus, wie die kleinen Souvenirshops verkünden. Obwohl jeder Fremde mit Freundlichkeit begrüßt wird, hat die Infrastruktur der Insel Besuchern wenig zu bieten; Selbstversorgung ist angesagt. Tourismus ist hier bestenfalls Zukunftsmusik. Noch wirkt die Stadt mit ihren in der Sonne gleißenden, einfachen Bauten fast verlassen. Selbst die in dieser Landschaft prächtig wirkende Neobarockkirche von Vila do Maio, die, 1872 erbaut, im Zentrum der Hauptstadt von Maio thront, mutet eher kleinstädtisch gediegen an. Auch dieser Ort hat eine Festungsanlage, Fotaleza, die einst vor Piratenangriffen schützen sollte.

Während sich im Südwesten der Insel einige Tauchstationen angesiedelt haben, die auch fürs Harpunenfischen gerüstet sind, ist ganz im Norden das Schwimmen im Meer kaum zu empfehlen, der starke Wellengang und die felsige Küste sind nicht ungefährlich. Der gelbe Sandstrand in der nördlichen Bucht Báia Galeão könnte da eine Ausnahme bilden, doch hier legen Meeresschildkröten ihre Eier ab und sollten lieber ungestört bleiben. Doch viele kleine natürliche Pools bieten auch hier die Möglichkeit einer feuchten Abkühlung.

... UND DUNKLER VULKANSTAUB

Auf dem nördlichen Festland, der Ebene Terras Salgadas und weiter südlich, in der Gegend zwischen den Dörfern Cascabulho und Pedro Vaz, sind neben Akazienhainen größere dunkle Landschaftsflächen zu finden. Schwarzer Vulkanstaub ist dafür verantwortlich und verweist darauf, dass auch Maio vulkanischen Ursprungs ist. Doch was hier oft qualmt, sind keine Vulkane, sondern die Meiler für die Holzkohlegewinnung. Die wenigen Köhler versorgen auch die anderen Inseln mit Holzkohle. Ein mühevolles und wenig einträgliches Geschäft.

Wie schwierig das Überleben auf der Insel ist, zeigte sich auch 1990, als Maio von einer Heuschreckenplage heimgesucht wurde. Im Innern des Landes wie im Westteil, zum Beispiel in der Nähe des Dorfes Calheta, wird seit einigen Jahrzehnten ein Aufforstungsprogramm mit Akazien umgesetzt. Es gehört zu den Maß-

nahmen, der Erosion und restlosen Verödung der Insel entgegenzuwirken und sie mit neuen Lebensmöglichkeiten zu erfüllen. Die
bescheidene Holzwirtschaft ist auch eine Alternative zur Tierhaltung, zum Fischfang oder dem Kunstgewerbe, welche die Lebens-
grundlage der Einwohner hier bilden. Es ist dennoch keine Seltenheit, dass man bei der Wanderung auf verlassene Orte stößt. Die
Ruinen von Casas Velhas, ganz im Süden, gehören dazu. Die
Häuser hier stehen seit dem 19. Jahrhundert leer, als der Ort nach
einer Epidemie verlassen wurde.

Wie lange Maio dem Besucher noch als Ort verträumter Einsamkeit begegnet, wird sich in den folgenden Jahren zeigen.

Eine der beiden Kapellen namens Nossa
Senhora do Rosário. Im Hintergrund der
Monte Penoso.

Die Kirche von Vila do Maio wurde 1872 im Stil des Neobarock erbaut.

Der einsame Strand von Praia Preta, östlich von Vila do Maio, ist ideal zum Baden, für ausgedehnte Spaziergänge, Ruhe und
Erholung.

Nächste Seiten:
Der Strand von Vila do Maio

Santiago – Herz des Archipels

Viele Reiseberichte über die Hauptinsel beginnen in etwa mit den Worten: Santiago ist die afrikanischste, die schwärzeste, die temperamentvollste Insel der Kapverden. Das ist zweifellos richtig, doch Santiago hat viele weitere Superlative zu bieten. Sie ist mit 991 Quadratkilometern die größte und mit über 250.000 Einwohnern die bevölkerungsreichste Insel des Archipels. Auf Santiago befindet sich die Hauptstadt Praia, seit 1975 der Regierungssitz. Sie liegt auf einem schmalen Plateau, etwa 40 Meter über dem Meeresspiegel. Praia ist die einzige Großstadt dieser Inselwelt, die sich mit einigem Recht so nennen kann, und die Stadt mit der bestausgebauten Infrastruktur. Ansonsten hat aber

auch die Hauptstadt nicht sehr viel von dem zu bieten, was heutige welterfahrene Touristen zu finden gewohnt sind.

POLITISCHES ZENTRUM

Neben den offiziellen Gebäuden wie Präsidenten- und Justizpalast gibt es noch das Parlamentsgebäude aus Glas und Beton, ein Geschenk Chinas. Chinesische Arbeiter und Fachkräfte haben es auch erbaut, von denen einige dann als Handeltreibende dageblieben sind. So bevölkert nun eine weitere ethnische Gruppe die Inseln, auf der so viele verschiedene Volksgruppen ihre Spuren hinterlassen haben. In Praia sind natürlich ebenfalls die diplomatischen Vertretungen zu finden, vor allem im Stadtteil Prainha mit den noblen Villen, die oft von blühenden Gärten – einer Seltenheit auf den Kapverden – umgeben sind.

Doch in der Hauptstadt konzentrieren sich ebenso die sozialen Konflikte, vor allem, weil es immer wieder verarmte Bauern an den Rand der Großstadt zieht, die dort unter außerordentlich schweren Bedingungen in der kargen Landschaft ihr Leben fristen. Besonders die Hungerepidemien nach den Dürrezeiten des 20. Jahrhunderts trafen Santiago besonders hart. Während andere Inseln zum Beispiel durch den Salzhandel (Sal, Boa Vista, auch Maio), als Kohleumschlagplatz (São Vicente) oder durch die Zahlungen der Exilkapverdier zu bescheidenem Wohlstand, zu Bildungsmöglichkeiten und einer besseren Infrastruktur gelangten, blieb Santiago immer ein wenig im Schatten der anderen, war benachteiligt, trotz der herausgehobenen Stellung als politisches und behördliches Zentrum des Landes. So verfügt die Hauptstadt erst seit 2006 über einen internationalen Flughafen, auf dem auch Flugzeuge aus Europa oder Amerika landen können. Internationale Flüge gehen zum Beispiel von Boston, London oder Paris nach Praia.

SPUREN DER PIRATENATTACKEN

Und schließlich hat Santiago noch eine weitere Besonderheit zu bieten: Keine andere der Inseln wurde in der Vergangenheit so oft von Seeräubern heimgesucht und verwüstet. Gleich zweimal, 1585 und 1592, plünderte der englische Freibeuter Sir Francis

Drake Ribeira Grande. Obwohl Christ, machte er selbst vor dem Altarschmuck und der Glocke der Kathedrale nicht Halt. Nach einem verheerenden Piratenangriff 1712 durch den französischen Freibeuter Jacques Cassart war die Ansiedlung, benannt nach dem gleichnamigen Tal, dem Verfall preisgegeben. Auch die Ende des 16. Jahrhunderts errichtete Festung São Filipe, oberhalb von Ribeira Grande auf einem Felsplateau, bot keinen Schutz vor den räuberischen Horden; die Burg begann schon bald nach ihrer Fertigstellung zu verwittern. Mit dem Verfall und der Bedeutungslosigkeit Ribeira Grandes oder Cidade Velhas – wie sie in ihrer Blütezeit hieß – wurde Praia die neue Hauptstadt. In den letzten 60 Jahren wurde die Festung São Filipe in Etappen restauriert. Heute steht sie unter Denkmalschutz und kann besichtigt werden.

WIEGE DER KREOLISCHEN KULTUR

Ribeira Grande, heute das bescheidene Fischerdorf Cidade Velha, knapp zehn Kilometer von Praia entfernt, erhielt schon 1533 das Stadtrecht zugesprochen und verfügte 1550 bereits über 500 Häuser. Es ist nicht nur die erste Ansiedlung und Hauptstadt, es ist die Keimzelle der kapverdischen Geschichte überhaupt, denn hier steht die Wiege der kreolischen Kultur. Erst danach setzten Seeleute ihre Füße auf die benachbarten Felsen im Meer, um sie zu erschließen und sich dort niederzulassen. Der italienische Seefahrer António de Noli, der im Auftrag der portugiesischen Krone das Land 1462 besetzte, erhielt den Titel eines Gouverneurs von Ribeira Grande. Nach seinem Tod ging das Amt 1497 an seine einzige Tochter, Branca de Aguiar, über. Als Gegenleistung musste sie einen Abkömmling der portugiesischen Königsfamilie ehelichen, damit der großzügig gespendete Teil der Insel wieder an die Krone zurückfiel. Unter der Regentschaft von de Noli entwickelte sich die Insel zum Zentrum des Sklavenhandels. Ribeira Grande erhielt 1466 das königliche Monopol des Sklavenhandels für Afrika. Hier wurden auch die ersten Kerker für aufrührerische Sklaven eingerichtet: enge, zweieinhalb Meter tiefe Gruben, die mit Eisengittern von oben verschlossen waren und den Gefangenen keinen Schutz vor der Witterung böten.

Die Insel Santiago war als Umschlagplatz für Menschenhandel viel intensiver mit dem afrikanischen Festland verbunden, und

Sir Francis Drake plünderte 1585 und 1592 die Stadt Ribeira Grande.

Die Hauptstadt Praia auf Santiago aus dem Flugzeug gesehen. Im Vordergrund die Landzunge Ponta Temerosa mit Leuchtturm.

auf der Insel sind die afrikanischen Wurzeln viel sichtbarer als auf anderen Inseln. Den Portugiesen gebührt der zweifelhafte Ruhm, die schlimmsten Menschenhändler jener Zeit gewesen zu sein. Auf ihren Fahrten vor der afrikanischen Westküste, dem heutigen Guinea-Bissau und Sierra Leone, fingen sie die Bevölkerung ganzer Dörfer weg, um sie dann nach Brasilien und in die Karibik zu verkaufen. Der portugiesische Königshof kassierte zehn Prozent der Gewinne aus dem Menschenhandel. Nach unterschiedlichen Schätzungen wurden zwischen 1460 und 1878, dem offiziellen Ende der Sklaverei, bis zu 25 Millionen Afrikaner nach Amerika verschleppt. Auf dem Höhepunkt des Sklavenhandels war der Markt streng aufgeteilt. Für Portugal war Brasilien das „Hauptlieferland", Engländer schickten „ihre" Afrikaner nach Nordamerika, portugiesische, spanische, französische und holländische Piraten suchten sich in der Karibik ihre Absatzmärkte.

Es blieben auch immer einige Sklaven auf den Inseln, wo sie, verteilt auf den Plantagen, beim Fischfang und im Haushalt, ihren weißen Besitzern ausgeliefert waren. An Flucht war auf den Inseln kaum zu denken. Allerdings boten die Inseln auch einen gewissen Schutz vor räuberischen Menschenjägern. Drohte Gefahr, flohen viele in die Berge und blieben dort.

Nach portugiesischem Recht waren Sklaven den Haustieren gleichgestellt. Nach portugiesischen Gesetzen und den Erlassen des katholischen Klerus waren Ehen zwischen Freien und Abhängigen verboten, ebenso die Vermischung unterschiedlicher Rassen oder die Polygamie. Das hinderte die Insulaner nicht daran, sich zu vermehren und in nichtehelichen Beziehungen zusammenzuleben. 1772 wurde die Sklaverei in England für Unrecht erklärt. Portugal hingegen betrieb weiterhin einen schwunghaften Menschenhandel, 1815 akzeptierte es auf dem Wiener Kongress das Ende der Sklaverei nördlich des Äquators. Doch als sich 1835 die Rechtlosen auf der Insel Santiago erhoben, schickte das Königshaus eine Garde, die den Aufstand blutig niederschlug. Zu der Zeit waren von den etwa 15.000 Bewohnern der Kapverden etwa 5000 Sklaven. Zur Wende zum 20. Jahrhundert bekamen die kapverdischen Sklaven endlich die Rechte von portugiesischen Bürgern. Auf dem Marktplatz von Cidade Velha steht noch der Pranger, an dem über Jahrhunderte der Menschenhandel betrieben und die rechtlosen Frauen und Männer versteigert wurden.

HAIFISCHFLOSSE IM HIMMEL

Die Landschaft der Insel Santiago wird geprägt durch zwei Gebirgsreihen vulkanischen Ursprungs. Der Pico da Antónia überragt mit seinen 1394 Metern alles. Wenn die Wolken tief hängen, ragt er wie eine Haifischflosse in den Himmel. Im Inneren der Insel nimmt das Grün zu, und zwar durch die natürliche Strauchvegetation, durch Aufforstung in der Kolonialzeit und die landwirtschaftlich genutzten Terrassenfelder, auf denen Zuckerrohr, Mais, Bohnen, Bananen und anderes Obst angebaut werden.

SÃO DOMINGOS

Etwas nördlich von Praia stößt man auf São Domingos. Es handelt sich um eine der ältesten Siedlungen auf Santiago. In dem fruchtbaren Tal sind vor allem Bananen-Plantagen angelegt, aber auch Zuckerrohr, das hier wie überall auf den Inseln für den hochprozentigen Grogue angebaut wird. Im Ort selbst kann man vor allem auf dem Handwerkermarkt Gegenstände für den täglichen Bedarf wie auch kunsthandwerkliche Arbeiten bewundern und erwerben.

Rechte Seite:
Kleinbauernfamilie auf Santiago

Stillgelegte Groque-Destille in Cidade Velha

Die zweitgrößte Stadt auf Santiago ist mit 60.000 Einwohnern Assomada bzw. Santa Catarina, wie der Verwaltungssitz des gleichnamigen Bezirkes zuweilen auch genannt wird. Assomada befindet sich gewissermaßen im Zentrum der Insel. Eine Attraktion ist der große Markt, wo mittwochs und samstags so ziemlich alles gehandelt wird, was es auf den Inseln gibt: Lebensmittel, Textilien, Haustiere, Haushaltswaren, Möbel, Töpferwaren, Kunsthandwerk usw. Er mutet wie ein afrikanischer Basar an und bietet ein sehr farbenfrohes Bild. In der Stadt Assomada befindet sich seit 1984 ein auch mit deutscher Hilfe eingerichtetes SOS-Kinderdorf.

Wenn man von Assomada der Straße in Richtung Tarrafal am Nordzipfel der Insel folgt, gelangt man beim im Tal gelegenen Poilão de Boa Entrada zum ältesten Baum der Inseln. Etwa 40 Meter hoch ragt der Kapokbaum in die Höhe und ist so etwas wie ein Wahrzeichen von Santiago. Wer zwischen seinen gewaltigen überirdischen Brettwurzeln steht, wird Respekt vor diesem Riesen bekommen, der ursprünglich aus den lateinamerikanischen Regenwäldern stammt. Ebenfalls auf einem Abzweig in Richtung Norden kann man auf freiem Feld auch das Haus besichtigen, in dem der Volksheld Amilcar Cabral seine Kindheit verlebte.

TARRAFAL

Am Rande der wunderschönen Bucht von Tarrafal, auf der der Hauptstadt Praia gegenüberliegenden Seite der Insel, befindet sich eine Fischereigemeinde mit etwa 20.000 Einwohnern. Bei den Portugiesen und auch bei den Kapverdiern ist der Name in schlimmer Erinnerung. Hier steht das berüchtigte Campo do Tarrafal, das Konzentrationslager, mit dem Beinamen „Campo da morte lenta" („Lager des langsamen Todes"). Der portugiesische Diktator Antonio Salazar ließ es 1942 errichten und hier antifaschistische Oppositionelle und Widerstandskämpfer inhaftieren. An diesem Ort starben unzählige Gegner seines profaschistischen Regimes. Wegen des internationalen Protestes wurde das KZ 1954 geschlossen. 16 Jahre später aber wurde es wieder eröffnet, um hier die Führer der afrikanischen Befreiungsbewegungen zu inhaftieren und von der Außenwelt abzuschließen.

Am Strand der romantisch gelegenen Stadt Tarrafal im Norden von Santiago. Nicht zu verwechseln mit den beiden namensgleichen Ortschaften auf den Inseln Santo Antão und São Nicolau.

Inzwischen ist Tarrafal jedoch hauptsächlich wegen seines Palmenstrandes bei Urlaubern und Touristen bekannt und beliebt, außerdem gilt es als Ausflugsort der wohlhabenderen Bewohner der Landeshauptstadt Praia. Sie nehmen die 80 Kilometer lange, teilweise recht beschwerliche Fahrt über die Insel in Kauf, um ein paar Stunden auf der anderen Seite unter Palmen zu verbringen. Ein Luxus, den sich freilich nicht jeder der Inselbewohner leisten kann.

MAN IST, WAS WAS MAN ISST

Naturgemäß ist auch in Tarrafal, wie überall in den kapverdischen Küstenorten, der Fischfang zu Hause. So gehört die Ankunft der Fischerboote zu den täglichen Höhepunkten. Alle legen mit Hand an, um die Boote an Land zu ziehen. Der Fang wird dann nicht nur begutachtet, sondern wechselt sogleich auch den Besitzer. Die Fischverkäuferinnen tragen Sardellen, Makrelen, Barsche, Thunfisch und andere Meerestiere auf die Märkte, andere kommen, um sich ihre Mahlzeit direkt beim Fischer zu kaufen. Fisch und Meerestiere gehören traditionell zur kapverdischen Küche. Als Steak gegrillt oder mariniert im Ofen gedünstet kommen zahlreiche Fischarten auf den Tisch. Auch Muscheln, gebratene Muränen oder Langusten sind keine Seltenheit. Ansonsten isst man alles, was auf den Inseln angebaut und gezüchtet wird. Sehr beliebt sind Eintöpfe, wie zum Beispiel das Nationalgericht „Cachupa". Fleischgerichte findet man eher seltener auf Cabo Verde. Beliebt sind aber auch die einheimischen Früchte oder Kuchen aus Süßkartoffeln.

Die Cachupa
ist ein Eintopf und das Nationalgericht der Kapverden. Sie besteht aus getrocknetem, gestampftem Mais, der zusammen mit Bohnen mehrere Stunden gekocht wird. Individuell ergänzt werden Karotten, Süßkartoffeln, Maniok, Jamwurzel, Brotbaumfrucht oder andere Gemüsesorten. Besonders lecker wird sie mit Fisch, Fleisch oder Wurst – je nach Verfügbarkeit. Abends als Suppe gegessen, werden die Reste am Morgen angeröstet verspeist.

Nächste Seiten:
Paradiesisch anmutende Landschaften, bizarr und wildromantisch, findet man auf Santiago überall.

Oben:
Der älteste Baum auf den Kapverden ist der
im Tal von Poilão de Boa Entrada gelegene
etwa 40 Meter hohe Kapokbaum.

Rechte Seite:
Kleines Gehöft bei São Jorge dos
Orgãos mit Telefonzelle

Überall kann man am Straßenrand gegrillten Fisch kaufen.

Im Umgang mit der Machete sind die Bäuerinnen geübt. Hier werden Kürbisse als Futter für die Schweine gehackt.

Hart und beschwerlich ist auch auf Santiago das Leben der Menschen auf dem Land, aber für einen Groque zwischendurch bleibt immer Zeit.

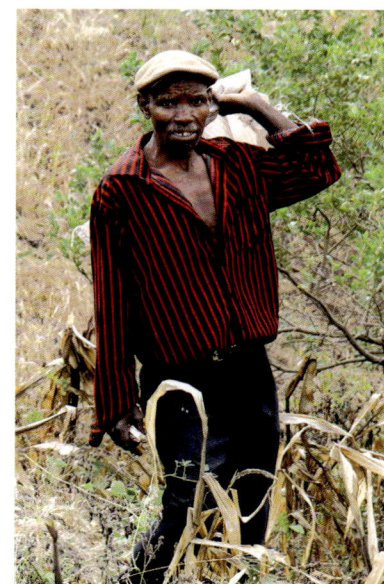

Markttag in Praia auf Santiago. Die
Verkäufe ihrer Erzeugnisse auf den
Märkten sind oft die einzige Einnahme
für die Kleinbauern.

Familie Schwein lebt unbeschwert auf Santiago und unternimmt öfter mal einen Ausflug in die umliegenden Felder und Gärten. Doch wehe, wenn der Markttag kommt (siehe Bild oben).

Oben:
Der Graukopfliest, ein afrikanischer
Vogel aus der Gattung der Eisvögel,
kommt auf Santiago, Fogo und Brava
recht häufig vor.

Linke Seite:
Die Aloe vera – hier in Blüte – ist eine
verbreitete Natur- und Zuchtpflanze auf
den Kapverden.

Fogo – Lavainsel,
Temperament der Erde

Die Insel Fogo, mit 476 Quadratkilometern die viertgrößte der Kapverden, bietet aus der Luft ein bizarres Bild. Dem nahezu kreisförmigen Eiland mit einem Durchmesser von rund 25 Quadratkilometern nähert man sich in der Regel von Süden; aus der Vogelperspektive nimmt man eine karge, zerklüftete Landschaft wahr. Schwarzgraue Lavatupfer führen bis ins blaue Meer. Zur Mitte hin ist ein graubrauner Gesteinsring erkennbar. Die Caldeira, eine Hochebene mit einem Durchmesser von neun Kilometern mutet an wie eine Mondlandschaft; nur an den Rändern der schroffen Felswände zeichnet sich zartes Grün ab. Betrachtet man eine Landkarte, führen ca. 50 hellblaue Linien strahlenförmig aus dem Inneren der Insel an die Ränder, Flüsse andeutend, die zum Meer führen. In der wirklichen Natur gibt es hier allerdings keine Flüsse, die ganzjährig Wasser führen. Über allem erhebt sich der

Pico de Fogo, mit 2829 Metern der höchste Berg der Inseln überhaupt. Die Kraterwand erhebt sich mehr als 1000 Meter fast
senkrecht über der Kraterebene.

DIE FEUERINSEL

Fogo, die Feuerinsel, ist vulkanischen Ursprungs wie andere Inseln auch. Es brodelt noch immer im Untergrund. Das letzte Mal
drückte sich 1995 aus einem Nebenkrater glühende Lava an die
Oberfläche. Leichte Erdbeben, die sich dann in Wellen verstärkten, kündigten das Ereignis am 25. März an. Am 2. April brachen
die Felsen auf und schleuderten Gestein und Lava in die Höhe, eine 2,5 Kilometer hohe schwarze Rauchsäule stieg empor. Ein bis
zu 20 Meter dicker Lavabrei quoll aus der Ausbruchstelle. Asche-
regen bedeckte 300 Hektar landwirtschaftlich genutztes Land. Etwa die Hälfte der Caldeira im Inneren des Hauptkraters hatte
sich verändert. Die zu Asche und Stein gewordene Masse entlud
sich über die Wein-, Obst- und Gemüsefelder, zerstörte einige
Hütten der dort siedelnden rund 1300 Bauern, die rechtzeitig in
Sicherheit gebracht werden konnten, und vernichtete ihre Lebens-
grundlage. Es entstand der kleinere Pico Pequeno, ein Berg im
Kraterinneren mit einer Höhe von 1920 Metern. Erst einen Mo-
nat später beruhigte sich die Insel, und die Evakuierten kehrten
zu ihrem Dorf zurück. Mit Regierungs- und EU-Geldern wagten
sie den Neuanfang.

Es war nur ein kleines Rebellieren der Natur, ihre unbändige
Kraft wurde nur angedeutet. Doch blieb dabei auch die eindrück-
liche Mahnung zurück, dass diese Perle im Atlantischer Ozean
noch nicht für immer zur Ruhe gekommen ist und die fast 40.000
Bewohner von Fogo hier möglicherweise nur Siedler auf Zeit
sind. Heute horchen Messstationen in das Innere, um Gefahren
rechtzeitig zu erkennen. Etliche Vulkanausbrüche wurden auch
zuvor zwischen 1500 und 1995 registriert. Der gewaltigste, 1680,
führte dazu, dass die Insel von den Menschen fast völlig verlassen
wurde. Die meisten flüchteten auf die kleine Nachbarinsel Brava.
Ihren heutigen Namen Fogo (Feuer) hat die Insel seit jenem Ausbruch. Seefahrer beobachteten ihn aus Hunderten Kilometern
Entfernung und beschrieben das Naturereignis als leuchtende
Fontäne. Bis zu dem Zeitpunkt trug die Insel den Namen São Fili-

pe, nach dem Heiligen des Tages ihrer Entdeckung. Die wichtigste Ansiedlung der Insel heißt noch immer São Filipe.

Für die Entdeckung Fogos gibt es ein exaktes Datum: Am 1. Mai 1460 betrat der italienische Seefahrer Antonio de Noli das Eiland. Dieser Tag wird auf der Insel als eine Art Nationalfeiertag begangen. Um 1500 siedelten sich hier portugiesische Adelsfamilien an, die im Sklavenhandel ihr Glück suchten. Sie ließen die Sklaven auf den Ländereien arbeiten und versorgten die vorbeiziehenden Sklavenschiffe mit Salz und Gemüse, Fleisch und Fellen. 1600 lebten auf Fogo etwa 2000 Einwohner. Die Zahl sank jedoch mit jedem Vulkanausbruch und stieg dann immer wieder durch erneut eingekaufte Sklaven und gestrandete Abenteurer an. Die neuen Siedler brachten auch neue Dinge und Ideen mit. So kam beispielsweise die Baumwollpflanze im 18. Jahrhundert auf die Insel, und im 20. Jahrhundert legte man Kaffee- und Weinplantagen an den Rändern der Caldeira an. Beides wächst auf Fogo unter besten klimatischen Bedingungen und erreicht eine gute Qualität. Die begrenzte Anbaufläche lässt aber einen nennenswerten Export nicht zu. Auch andere tropische Früchte wie Orangen, Mangos oder Papayas werden angebaut, Mais, Bohnen, Kürbisse und Maniok, auch Süßkartoffeln gehören zur Nahrungsgrundlage der Inselbewohner.

Das Wasser entscheidet aber auch hier wie auf den anderen Inseln Cabo Verdes über Erfolg oder Misserfolg der Ernten. In der Caldeira regnet es selten, auf Fogos Nordseite kommt die meiste Feuchtigkeit vom Tau. Der reicht jedoch nicht aus, um eine ganzjährige Bewirtschaftung der Felder zu erlauben. Für den Weinanbau entwickelten die Bauern spezielle Techniken, um die Pflanzen mit genügend Wasser zu versorgen. Wenn es regnet, versuchen die Insulaner, jeden Tropfen in Zisternen auf den Dächern aufzufangen, um möglichst lange davon zu profitieren.

SOZIALER WANDEL

Mit den politischen Veränderungen in Portugal wandelten sich auch auf den Inseln die sozialen Strukturen. Nach dem Sieg der bürgerlichen Revolution und der Errichtung der ersten portugiesischen Republik am 5. Oktober 1910 verloren Adel und Klerus ih-

Rechte Seite:
Der Pico de Fogo. Der kleine Berg davor ist der Pico Pequeno, die Ausbruchsstelle von 1995. Die Hütten in der Ebene dienen als Lagerhäuser.

Unbefangene, fröhliche Kinder sind auf den Kapverden überall anzutreffen.

Ein Maultier transportiert getrocknete Maisblätter, die verfüttert werden; das Tier läuft selbstständig zum heimatlichen Stall.

re Vormachtstellungen auch auf Fogo. Während etliche portugiesische Adelsfamilien der Insel den Rücken kehrten, traten freie Bürger und Sklavennachfahren an ihre Stelle. Die meisten von ihnen waren schon ab 1850 nach Nordamerika emigriert, wo man ihnen Reichtum und Freiheit versprochen hatte, und heuerten bei den US-Walfangflotten an. Selbst nach dem Rückgang des Walfangs waren viele Männer in Massachusetts sesshaft geworden und gründeten neue Familien. Allerdings rissen auch die Fäden zu ihren auf der Insel lebenden Angehörigen nicht ab. So mischten sich im Laufe eines Jahrhunderts verschiedene Gruppen. Andere der Emigranten kehrten auf die Insel zurück und verdrängten nach und nach die portugiesische Aristokratie. Von ihr blieben lediglich einige Bauten erhalten, wie die Herrenhäuser in São Filipe. Zwischen 1890 und Mitte des 20. Jahrhunderts blieb die Bevölkerungszahl in etwa konstant bei 20.000. Die Beziehungen zwischen den einheimischen Familien und einstigen Auswanderern, die sich in den USA, in Europa, Kanada, Brasilien und Venezuela niedergelassen hatten, haben sich über viele Generationen bis heute erhalten. Ein nicht unbeträchtlicher Anteil an den Familienbudgets stammt aus Geldsendungen von Familienangehörigen, die den Daheimgebliebenen nur von den Überweisungen her bekannt sind. Auch heute noch zieht es junge Männer weg zu den Nachfahren der einstigen Walfänger nach Massachusetts.

TOURISMUS

Der Tourismus findet nur sehr schwer den Weg nach Fogo. Glücklicherweise oder leider, das ist abhängig vom Blickwinkel des Betrachters. Obwohl die Insel als die wärmste der Kapverden gilt und in einigen Teilen eine recht üppige Vegetation aufzuweisen hat, fehlt ihr etwas Entscheidendes: kilometerlange weiße Sandstrände, wie sie viele Touristen lieben. Auch die komplizierte Wasserversorgung hält die Tourismus-Industrie davon ab, ihre Einheitsanlagen in die Vulkansteinlandschaft hineinzubetonieren. Aber vielleicht macht gerade diese unwirtliche Seite die Insel für Wandertouristen, die mehr wollen als Massentourismus und Sonnenbaden, so attraktiv. Es sind vor allem die „Inselspringer", aber auch zunehmend Tagesausflügler, die sich hierher wagen, um möglichst viel von der Unterschiedlichkeit der kapverdischen Inselwelt zu erhaschen. Sie kommen auch voll auf ihre Kosten.

In der größten Stadt der Insel, São Filipe, lebt jeder dritte Einwohner Fogos. Über dieser liegt, zehn Autominuten entfernt, der kleine Flugplatz auf einem Lavafeld. São Filipe, unterteilt in Ober- und Unterstadt, klebt an einer 40 bis 100 Meter hohen Steilküste aus Lavagestein. Ihr vorgelagert ist ein pechschwarzer Strand. Die Wege zum Strand führen über Treppen hinunter zum Meer. Die historische Altstadt hat die Stürme der Jahrhunderte überdauert. Die Häuser aus der Kolonialzeit lassen den Glanz vergangener Zeiten und den Reichtum ihrer Besitzer ahnen. Knapp ein Dutzend Häuser bieten Quartiere an. Fünf Kilometer entfernt liegt der einzige nennenswerte Hafen der Insel, Porto de Vale de Cavaleiros. Zum Inselbesuch gehört unbedingt eine Tour zum Pico de Fogo. Der Ausgangspunkt ist São Filipe. Obwohl der Berg alles überragt, ist er wegen der hohen Kraterränder nicht von allen Punkten der Insel zu erkennen. Erst in einer Höhe von 1500 Metern, kurz bevor man in die Caldeira einfährt, wird der Riese in der Kraterlandschaft sichtbar. Alleingänge zum Gipfel sind zu gefährlich und deshalb nicht erlaubt. Den Aufstieg über das vulkanische Geröll und die Asche absolviert man mit erprobten Bergführern über einen felsigen Grat als einziger Aufstiegsmöglichkeit. Vom Gipfel, so er nicht von Wolken eingehüllt ist, bietet sich ein Ausblick zur kleinen Nachbarinsel Brava und über die gesamte Hochebene. Eine andere Route führt in den Naturpark von Monte Velha, eine Erhebung mit 1922 Metern. Die Region rund um die kleine Ansiedlung hat die Natur mit üppiger Vegetation ausgestattet. Am Eingang des Naturparks gibt es ein kleines Forsthäuschen, wo man Eintrittskarten für den Naturpark kaufen kann. Sie kosten umgerechnet etwa 1 Euro.

Schließlich noch ein Ausflug nach Ponta das Salinas, eine Bucht, ein von Felsen umgebenes Meeresschwimmbad, „schwarze Badewanne" genannt, mit einem natürlichen Tor im Fels zum Meer. Es soll das beliebteste Ausflugsziel der Bewohner São Filipes sein. Doch Reisende, die am Wochenende zur schwarzen Wanne fuhren, fanden die Bucht auch schon menschenleer vor. Vielleicht treffen sich Einheimische da gerade musizierend in feuchtfröhlicher Runde bei Groque oder einem der schweren Weine.

Links:
Die dunkler gefärbte Lava stammt von
dem Ausbruch des Jahres 1951, der
noch wesentlich schwerer war als der
Ausbruch von 1995.

Unten:
Rizinus sollte als neue Kulturpflanze
angesiedelt werden. Er gedeiht prächtig.
Die Ziegen fressen ihn; sonst hat er
wenig Effekt für Wirtschaft und Boden-
kultur.

Oben:
Blick in den Krater des Pico de Fogo.
Noch heute gibt es dort leichte
Schwefeldämpfe.

Rechts:
Die neue Weinkooperative, die erbaut
wurde, nachdem die alte 1995 von der
Lava zerstört worden war.

Der südliche Teil der Caldeira: Parasitärkrater und bizarre Lavafelsen erheben sich aus der vulkanischen Asche, die die Kraterebene bedeckt. Ein Paradies für Vulkanologen.

Der Platz vor dem Rathaus in São Filipe

Die Insel Fogo ist ein riesiger Vulkankegel. Auf der etwas flacher abfallenden Südwestseite findet man aber auch eine üppige Vegetation, die allerdings in den Sommermonaten auch stark unter dem Wassermangel zu leiden hat.

Die Ponta das Salinas

Kinder baden am Strand von São Filipe

Nächste Seite:
Im Vordergrund das ehemalige Gefängnis von São Filipe. Im Hintergrund
sieht man den historischen Friedhof
von São Filipe.

Brava – die kleinste Zuflucht

Ist sie wirklich unbezähmbar, nicht zu bändigen, ist sie eine Wilde? Ist sie zornig, mutig oder tapfer? Der Inselname Brava lässt viele Deutungen zu. Sie ist die kleinste der bewohnten Kapverdischen Inseln im Atlantischen Ozean, doch wild oder unbezähmbar erscheint sie beim ersten Hinsehen nicht. Eher findet man hier Ruhe und Beschaulichkeit; Hektik und Hast sind Fremdwörter. Das Wilde, Unberechenbare trifft allerdings auf die Meeresfluten zu, die der kleinen Insel oft ihre Launen demonstrieren. Nahezu kreisrund ist Brava und ähnelt, von der 20 Kilometer entfernt liegenden Nachbarinsel Fogo aus gesehen, einer gewaltigen Schildkröte, die aus dem Meer aufsteigt und mit ihrem Rücken an die Wolken stößt oder gerade in den Nebel eintaucht. Brava hat eine Fläche von 64 Quadratkilometern und misst an der breitesten Stelle ganze neun Kilometer. Nur selten streifen die vorüberziehenden Passatwolken die Insel. Das kleine Eiland befindet sich im Windschatten des benachbarten Fogo-Vulkans. So halten sich hier Wolken und Nebel länger und legen sich wie eine

Glocke über die Mittelgebirgslandschaft. Das Resultat ist eine höhere Luftfeuchtigkeit, erträglichere Temperaturen und eine kräftige Vegetation. Hibiskus blüht an vielen Stellen auf steinigem Untergrund und verleiht der graubraunen Lavaerde überall leuchtendrote Farbtupfer, und so ist der von Einheimischen oft gewählte Name „Blumeninsel" durchaus angebracht. Auch hier ist die vulkanische Vergangenheit überall sichtbar, doch diese Insel ist anscheinend zur Ruhe gekommen.

WIE REIST MAN NACH BRAVA?

Nach Brava zu reisen ist nicht ganz so einfach. Das einstige Flugfeld, nur kurzzeitig genutzt, liegt schon wieder brach, Häfen für größere Schiffe gibt es nicht. So ist man auf die sehr sporadisch fahrenden Schiffe von Fogo angewiesen, und es kann schon mal vorkommen, dass man einige Tage festsitzt, weil weit und breit kein Schiff zur Überfahrt in Sicht ist. Zwar gibt es nach Brava seit 2004 regelmäßige Fährverbindungen zum Fischerdorf und Hafen Furna am nördlichen Fuße der Berginsel, doch sollte man das mit der Regelmäßigkeit nicht ganz so wörtlich nehmen, wie Reisende berichteten. Die See zwischen den Inseln ist rau, und bei stärkerem Wellengang – der häufig vorkommt – wird der Fährbetrieb eingestellt. 1982 fegte ein gewaltiger Orkan mit über zehn Meter hohen Wellen über den Hafen Furna hinweg und vernichtete einen Großteil der Anlagen und Speicher. Die alte Kaimauer war auseinandergebrochen, Schiffe konnten nicht mehr am Ufer entladen werden. Das alte Fährschiff wurde vom Sturm auf den sechs Kilometer entfernten Kiesstrand gesetzt. Danach, bis 1988, fanden kaum Reisende den Weg zur Insel, erst der – auch mit deutscher Hilfe – bewerkstelligte Wiederaufbau der Hafenanlage ließ die Besucherzahlen wieder ansteigen. Der Naturhafen liegt in einer wunderschönen Felsbucht, von steil abfallenden Felswänden eingerahmt, die ein kleines Tor zum Meer offen halten. Walfangflotten fanden hier einst Schutz vor den Launen des Ozeans. Von der höchsten Erhebung der Insel, dem 976 Meter hohen Fontainhas, hat man einen wunderbaren Rundblick auf den Atlantischen Ozean – wenn nicht, wie schon erwähnt, Wolken oder Nebel die Sicht versperren.

Be- und Entladen des Fährschiffes im Hafen von Furna

RESERVAT DER NATÜRLICHKEIT

Die wenigen Touristen, die beim „Inselspringen" hier Station machen, schätzen an dem Eiland, dass es noch weitgehend von den Segnungen der modernen Zivilisation verschont geblieben ist. Der klassische Strandtourismus hat hier kaum eine Chance. Für Wandertouristen ist die Insel ein Geheimtipp. Der Hauptort, Vila Nova Sintra, befindet sich auf einem Plateau in etwa 480 bis 600 Metern Höhe, ein kleiner, pflanzenreicher Ort mit hübschen Terrassengärten. Der Name Sintra lehnt sich an die königliche Sommerresidenz in Portugal an. In Vila Nova Sintra leben rund 1800 Einwohner. Wegen des günstigen Klimas wurde der Ort einst Wohnsitz von Wohlhabenden oder zum Sommersitz portugiesischer Kolonialbeamter. Ein paar kleine Pensionen bieten Übernachtungsmöglichkeiten an, einige Tante-Emma-Läden, ein größerer Markt für verschiedene Waren und ein Gemüsemarkt vervollständigen das Angebot. Die breiten Alleen des Ortes führen aus allen vier Himmelsrichtungen zum Platz Eugénio Tavares, benannt nach dem berühmtesten Inselsohn. Der Dichter und Komponist Eugénio Tavares wurde 1867 in Vila Nova Sintra geboren, lebte hier fast sein ganzes Leben lang und arbeitete als Verwaltungsbeamter. Er starb 1930. Ihn kennt jeder auf Brava – glücklich die Menschen, die nur einen Helden zu verehren haben. Er machte die langsame, schwermütige Balladenform Morna populär, die diese kapverdische Musikrichtung prägt. In einer Strophe des bekanntesten Morna-Liedes „Hora di Bai" (Stunde des Abschieds) heißt es: *„Gefangener Körper, geh, du Sklave! Oh lebendige Seele, wer hat dich weggetragen? Wenn Kommen süß ist, ist Gehen schmerzhaft; aber ohne Gehen kein Zurückkommen! Wenn wir auch sterben beim Abschied, beim Zurückkommen gibt uns unser Herr und Gott das Leben."* Bei Konzerten kapverdischer Künstler wird die „Stunde des Abschieds" stets als letztes Lied gespielt, Angehörige singen es am Hafen, wenn ein Freund oder Verwandter die Insel verlässt. Auf dem Tavares-Platz befindet sich ein Pavillon, in dem regelmäßig die Lieder des großen Sohnes der Insel gespielt werden.

EIN STÜCK GESCHICHTE

Am Rande der Ortschaft, auf dem Weg zum Hafen, liegt eine kleine Quelle Vinagre (Essig) mit natursaurem Mineralwasser. Sie soll über Wunderkräfte verfügen. In einem kleinen Haus konnten saure Bäder genommen werden. Wer von dem Wasser trinkt, so lautet eine wirklich wahre Geschichte, der will nie mehr die Insel verlassen.

1462 erreichten erstmals Seefahrer die Insel (als Entdeckungsdatum wird der 24. Juni angegeben) und gaben ihr den Namen São João Baptista, nach Johannes dem Täufer und Heiliger an jenem Tag. Es war die Zeit, als Portugiesen und Spanier die Weltmeere besegelten, Karten anlegten und die einzelnen Inseln mit Namen der jeweiligen Heiligen, Charakteristiken und ihren Besitzansprüchen versahen. Erst rund 100 Jahre später, 1573, ließen sich die ersten Siedler dauerhaft auf Brava nieder. Der Sklavenhandel, dem andere Inseln ihre Besiedlung mit verdanken, spielte hier keine Rolle. So haben viele der heutigen Bewohner portugiesische Wurzeln. Sie sind deshalb auch ein wenig „weißer" als die auf den anderen Inseln. Der gewaltige Vulkanausbruch 1680 auf der benachbarten Insel Fogo ließ Flüchtlinge nach Brava kommen, die dann dauerhaft blieben. Portugiesische Siedler-Pioniere legten auf der Insel die ersten Plantagen an den Berghängen an, Mais, Zuckerrohr, Früchte. Die Ergebnisse ihrer Arbeit wurden recht gemeinschaftlich geerntet und verteilt. Die Bauern wussten, dass man aufeinander angewiesen war. Nur in der Gemeinschaft konnte man sich dauerhaft auf der Insel festsetzen. Für die Einwohner ist Brava – wer wollte dem widersprechen? – in ihrer zurückgezogenen und uneitlen Art die schönste aller Kapverdischen Inseln überhaupt. Auf jeden Fall ist sie eine der grünsten. Knapp 7000 Menschen leben hier, betreiben ein wenig Landwirtschaft, ein wenig Fischfang, ein wenig Schnitzhandwerk. Das meiste Geld kommt jedoch von den schon erwähnten Saisonkapverdiern, den Emigranten, die die Daheimgebliebenen versorgen. Einst machten die Walfangflotten vor allem vor den Küsten von Brava und Fogo Station, um die Vorräte aufzufrischen und dann mit ihrer Beute in die alten amerikanischen Walfanghäfen Boston, Providence oder New Bedford zurückzukehren. Dabei gingen immer wieder auch einige Insulaner mit an Bord der Walfänger; sie erlangten den Ruf als kräftige und erfahrene Seeleute. Ihre Nachfahren versorgen die Insulaner bis heute mit dem Nötigsten und kommen gewöhnlich selbst für ein paar Monate auf die Inseln, wo sie sich mit Zweitsitz angesiedelt haben.

Hibiskusblüte auf Brava

DIE PIRATENBUCHT

Einst haben auch auf ihren Beutezügen vor der afrikanischen Küste Piraten oft in der Bucht von Furna Station gemacht. 1798 wollten französische Piraten von der Insel Besitz ergreifen. Der Versuch wurde von den Einwohnern, wie Überlieferungen berichten, heldenhaft zurückgeschlagen. Vielleicht ist der Name der Insel doch eher mit diesem Ereignis verbunden. Fast 400 Jahre spielten Freibeuter in der Geschichte der Kapverden eine nicht unbedeutende Rolle. Immer wieder ankerten sie vor den Inseln, überfielen die Bewohner, raubten sie aus und verkauften sie als Sklaven vor allem nach Brasilien und in die karibische Region. Den französischen Freibeutern folgten die Engländer und die Niederländer. Legendäre Seegangster wie John Hawkins oder der „edle" Sir Francis Drake, der nach seiner Weltumseglung von 1577 bis 1580 von der englischen Krone wegen seiner Verdienste um den Sklavenhandel und die Raubzüge gegen Spanien in den Adelsstand erhoben wurde, sind mit der Pirateriegeschichte der Kapverden eng verbunden. Drake machte auf seiner Weltumseglung auf den Kapverden Station. Bei einem Raubzug flämischer Beutejäger 1655 wurde die Stadt São Filipe auf Fogo ausgelöscht. Auf Brava hatten es die räuberischen Seefahrer schwerer, Beute zu machen. Die Ansiedlungen waren höher gelegen, die Felsen ragen direkt ins Meer, deshalb verließen die Angreifer oft die Kräfte, noch bevor sie ihr Beuteziel erreicht hatten. Aber auch das sind vor allem Vermutungen von Reisenden.

Nahe Brava schauen auch einige weitere kleinere Lavainseln aus dem Meer. Sie sind unbewohnt und stehen unter Naturschutz. Ilhéu Grande (etwa zwei Quadratkilometer groß), Ilhéu de Cima (1,5 Quadratmeter) und Ilhéu Luis Carneiro (gerade mal ein halber Quadratkilometer) sind wenige Meter unter dem Meeresspiegel durch eine Vulkanplatte miteinander verbunden. Seefahrer mit größeren Schiffen sollten einen Weg außerhalb der Inselgruppe nehmen. Dabei besteht nicht nur die Gefahr, auf das Unterwasserplateau aufzulaufen, sondern auch die Gefahr starker Strömung und Brandung. Die Inselgruppe ist ohnehin nur für Besucher mit wissenschaftlichen Ambitionen frei, Touristen ist der Aufenthalt streng untersagt. So können hier verschiedene Vogelarten ungestört brüten und Meeresschildkröten ihre Eier ablegen. Eine Welt, die uns erhalten bleiben möge.

Blick auf den Hafenort Furna auf Brava

Im Vordergrund der fast verlassene Ort Vinagre auf Brava, im Hintergrund die Insel Fogo

Rechte Seite: Blick auf Vila Nova Sintra. Im Hintergrund sind die unbewohnten Inseln Ilhéu Grande, Ilhéu Luis Carneiro und Ilhéu de Cima zu sehen.

Bildnachweis